Es gab einen Lehrer in Lehrte · Limericks

ES GAB EINEN LEHRER IN LEHRTE

Fast 400 Limericks
von Ernst Fabian

Ausgewählt und mit einem Nachwort
zur Geschichte des Limericks versehen
von Günther Debon

Mit über 60 Zeichnungen von Jules Stauber

Verlag Brigitte Guderjahn · Heidelberg

© 1997 · Verlag Brigitte Guderjahn · Heidelberg

Alle Rechte vorbehalten · Vervielfältigung jeglicher Art nur mit Genehmigung des Verlages · Printed in Germany

Konvertierung und Neusatzteile: HVA, Heidelberg · Druck: Dr. Johannes Hörning, Heidelberg · Bindearbeit: Industriebuchbinderei Kumler, Sandhausen

Inhalt

Vermischte Meister   7
Über Land und Meer   29
Feine Gesellschaft   53
Zwischen Gut und Böse   71
Allerlei Spruchgut   91
Sachen gibts   111
Schwierige Wahrheit   135
Kunst bringt Gunst   153
Am Zahn der Zeit   177
Zum guten Ende   197

Zur Geschichte des Limericks   217

Vermischte Meister

NIVEAU MUSS SEIN

Ein alter Professor in Gießen
Saß immer sich selber zu Füßen.
    Und nur, wenn er mal
    Sprach allzu genial,
Dann sah man ihn nicht mehr sich grüßen.

KURZ UND GUT

Ein alter Pastor in Nordhausen,
Der predigte meistens nur Pausen.
    »Wer kündet vom Guten,
    Braucht höchstens Minuten«,
So sprach er, »Was dann kommt, sind Flausen.«

HUMANE MAGIE

Die Perle des Hellsehns, Frau Elsa,
Sah strengstens auf Takt, wenn sie hellsah.
    Das Dunklere sah sie
    Privatim quasi,
Wogegen sie hell offiziell sah.

DER NEUE DAVID

Es war ein Vertreter in Porz,
Der war von Statur nur ein Knorz.
    Doch mit dauerndem Reden
    Bezwang er noch jeden
In Porz und auch anderenorts.

EIN GUTER PÄDAGOGE

Es gab einen Schulmann in Kloten,
Der haute die Kinder nach Noten.
    Nicht etwa zum Tort!
    Doch wird ihnen dort
Rein musisch so wenig geboten.

UND NOCH EINER

Es gab einen Lehrer in Lehrte,
Der lehrte genau das Verkehrte.
    So: daß Sultaninen
    Den Sultan bedienen.
Womit der die Skepsis vermehrte.

ANGEWANDTE KUNST

Es war ein Friseurprinzipal,
Der trimmte die Kunden stets kahl.
    Er sagt, weil die Haarlosen
    Nie ganz verwahrlosen.
(Rund um den Scheitel zumal!)

DER MEISTERSCHÜTZE

Es gab einen Schützen in Zell,
Der zielte daneben so schnell,
    Daß alle Juroren
    Den Anschluß verloren
Und jener stets dastand als Tell.

ALTE REGEL

Wer Großoberbramrahn erklimmt,
Ist sicher zum Seemann bestimmt.
    Nie, daß er nicht munter
    Sich auch auf Großunter-
Und Voroberbramrahn benimmt!

GUTER STIL

Es gab einen Boxer in Solln,
Den sah man nie grolln oder schmolln.
　»Ein Sieg, der nur mürrisch
　Errungen, ist pyrrhisch«,
So sprach er und grinste verquolln.

ALLZU VIEL IST UNGESUND

Betraut war ein Fachmann in Dresden
Mit Wälzern, Dossiers, Palimpsesten.
　Und fragt man: »Hast je
　Du die Dinger gele . . . ?«
Dann sagt er: »Nich ebm die meesdn.«

FORM UND GEIST

Ein Tischler schuf gern die Bürotische
Mit einer Verfremdung ins Gotische.
　»Dies gibt der Verwaltung
　Die christliche Haltung«,
So sprach er, »und dämpft das Despotische.«

ZUSAMMENHÄNGE

Ein Kenner hats oft schon gerochen,
Wenn etwa der Chefkoch beim Kochen
    Das »Œuf fantaisie
    Au Marquis de Grisby«
Nicht makellos hatte – gesprochen.

MUTTER DER WEISHEIT

Es gab einen Herrn in Beirut,
Der trug unterm Fez einen Hut.
    Es könnte ja sein . . .
    Und kein Unglück allein . . .
Ihm lag halt die Vorsicht im Blut.

Dem ist ein Kollege begegnet,
Der sagte: »Dein Mut sei gesegnet!
    Zum Hut unterm Fez
    Trag ich stets, ich gestehs,
Einen Schirm. Und auch zwei, wenn es regnet.«

SANFT GEBISSEN ...

Es gab einen Dackel in Kniebis,
Der immer mit Philosophie biß.
    Er sprach: »Nur ein Tor
    Beißt Giraffen ins Ohr.
Denn medio tutissimus ibis.«

... IST EIN GUTES RUHEKISSEN

Ein listiger Greis in den Tauern
Biß gern in den Apfel, den sauern.
    Er sagte: »Nur dies
    Macht den Apfel mir süß:
Daß die andern nicht neidisch drauf lauern.«

KEIN WUNDER

Ein Briefkastenonkel in Hagen,
Der schickte sich selbst seine Fragen.
    Die Leserschaft rings
    War verblüfft platterdings,
Wie gut dieser Onkel beschlagen!

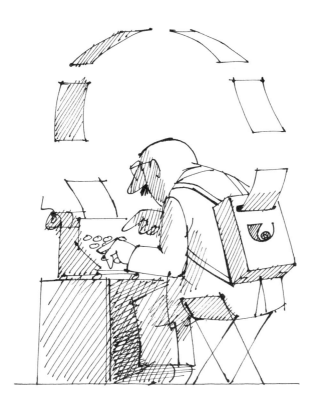

DER TÖNE MEISTER

Schön blies der Trompeter von Säckingen,
Daß nie, die ihm lauschten, vom Fleck gingen.
    Selbst Lauscher aus Ringingen,
      Die ahnungslos hingingen,
Beschlossen, daß nie mehr sie weggingen.

NATÜRLICHER AUSGLEICH

Die Meister der Finten und Tricks
Sind rein schöpferisch weniger fix.
    Sie machen im Nu
    Zwar ein X für ein U,
Doch niemals ein U für ein X.

KEINE HALBHEITEN!

Die stets auf zwei Hochzeiten tanzen,
Sind Könner der niedren Instanzen.
    Wer Meister will sein,
    Muß tanzen auf drein.
Denn merke: die Kunst liegt im Ganzen.

NICHT KLECKERN...

Ein Schöpfer von Alltagsgebäcken,
Der walzte so breit seine Wecken,
    Daß die, die sie sahn,
    Sie priesen spontan
Als Nahrung gigantischer Recken!

...NUR KLOTZEN!

Ein Staatsmann benahm sich sehr mies,
Sobald er besäuselt. Doch ließ
    Er die Menschheit im Wahn,
    Daß er's nüchtern getan.
Worauf man als Helden ihn pries.

MEHR DISZIPLIN!

Es gab einen Fachmann in Wörgl,
Der meinte (ganz ohne Genörgl),
    Man dürfe nicht fackln
    Mit dalkerten Lackln,
Die gickln beim Bussln und dörgl.

UND REGET OHN ENDE ...

Es gab eine Gattin in Ilten,
Die saß nur bei Patchwork und Quilten;
    Zerschnippelte roh
    Des Gatten Jabot,
Dann die Hosen des gar nicht gewillten.

... DIE FLEISSIGEN HÄNDE

War eine Kollegin in Hilter,
Die sagte: »Mein Quilt ist mein Filter.
    Ich nehm keinen Mann,
    Der sich immer stellt an
Und nicht hergibt das Beinkleid gewillter.«

GUTE FAHRT

Ein Meister des Segelns in Tegel
Ging öfter mal unter, ganz kregel.
    »Ich machs ihnen vor«,
    Sprach er, blubbernd empor,
»Man streicht viel zu früh meist die Segel.«

STILLE TEILHABE

Ein alter Geschäftsmann aus Weil,
Der dachte sich stets seinen Teil.
    Das läpperte sich
    Doch ganz hübsch unterm Strich ...
Ja, Denken führt öfter zum Heil!

KUNST UND LEBEN

Ein Schüler der Reitkunst in Theben,
Der setzte sich öfter daneben.
    Dann lag er, fast froh,
    Und sagte: »Nur so
Bemerkt man, wie breit doch das Leben!«

STILLE FREUDEN

Es war ein Naturfreund in Kandern,
Der sammelte Pilze beim Wandern:
    Den Krempling, den Tintling,
    Auch Täubling und Schwindling.
(Nicht, daß wir vergäßen die andern.)

LOB DER MASSARBEIT

Ein Küfer in Rehm-Flehde-Bargen
Zog säuberlich Gargeln und Zargen.
 Wer immer im Land
 Sich auf Gargeln verstand,
Vermied es, mit Beifall zu kargen.

GESCHWINDIGKEIT . . .

Wie flink sind die Mädchen in Kreiensen!
Kaum daß sie wen lieben, schon freiensen.
 Und weigert sich der
 Und will nicht aufs Meer
Der Ehe hinaus, dann schanghaiensen.

. . . IST KEINE HEXEREI

Es gab einen Coach in Malente,
Der trimmte die Fußballtalente.
 Er jagte voll Zorn
 Seine Männer nach vorn,
Daß der Torwart im Kasten nur pennte.

TRAUM UND WISSEN

Versäumt man, zu träumen wie Schliemann,
So findet den Priamos nie man.
    Doch träume man richtig!
    Auch hier ist kaum wichtig,
Das Daß-man, sondern das Wie-man.

DAS IDEALE GESCHENK

Ein Meister der Wohnkunst in Rehren,
Der liebte zu leben im Leeren.
    Die Freunde bestichts:
    Man verehrt ihm ein Nichts,
Um den Hausrat des Meisters zu mehren.

LEHRMEISTER DER NATION

An Weisheit herrscht sicher kein Mangel
Bei Freunden von Wobbler und Angel.
    Bedächtig beim Drill,
    So strafen sie still
Mit der Rute des Alltags Gerangel.

IM AKKORD

Es gab einen Tüncher in Rio,
Der übte die Muskeln beim Trio.
    Denn strich er die Bratsche
    Des Abends vivace,
So morgens die Wände con brio.

WENN SCHON ...

Es gab einen Sparer in Wittlich,
Der rechnete ganz unerbittlich;
    Hat, einmal in Fahrt,
    Auch sich selber gespart.
Denn nur das Perfekte sei sittlich.

... DENN SCHON

Frau Menk war bei allen Bewohnern
Bekannt für ihr Feulen und Bohnern.
    Ja, die Schifflein auch
    Tief im Flaschenbauch
Bezog sie mit winzigen Schonern.

DIE WIRKUNG MACHTS

Ein Autor von Weltruf aus Celle
Maß nie seine Kunst mit der Elle.
    »Wer lange verbessert«,
    So sprach er, »verwässert.
Beim Feinputz genügt mir die Kelle.«

SUBTILER GENUSS

Ein alter Finanzmann aus Gatow
Beklagte, daß niemand bis dato
    Zu nennen vermag
    Den Verzinsungsertrag
Von Papieren wie denen des Plato.

Worauf ein Kollege in Gotha
Berechnete Jota für Jota
    (Mitsamt ihres Sinns!)
    Auf Zinseszins,
Genießend – platonisch – die Nota.

Über Land und Meer

LIED DER WÜSTE

Ben Nemsi, der Bey von Bengasi,
Sah gern eine Dame. Doch da sie
    Bei Nacht und Tag
    Vorm Fernsehn lag,
So sah Bey Ben Nemsi nie nah sie.

STIMMEN DER VÖLKER

Ein Seemann mit Seemannsallüren
Will just eine Geisha verführen.
    Da flötet die Geisha:
    »Drreh bei – du versstehscha!«
Die Geisha . . . kam aus Embühren.

WEITBLICK

Es gab einen würdigen Inder,
Der lüftete stets den Zylinder
    Vor Dirnen und Strolchen.
    Nicht eben als solchen:
Er grüßte das Kind ihrer Kinder.

IMMER KONSEQUENT

Hein Dobbas, ein Seemann aus Danzig,
Erwies als ein strikter Pedant sich:
    In Orten wie Plymouth,
     Wo man pflegt des Benimmeth,
Begab Hein erst gar nicht an Land sich.

NUR KEIN SCHEMA

Herr Bing, ein Matrose, der trug
Tätowiert ein ƎNIWlVW am Bug.
    Und nur, wenn Herr Bing
    Im Kniehang hing,
Dann wurde der Leser draus klug.

EIN NAUTISCHES PROBLEM

Einst wollten drei Mittelmeernixen
Mit denen des Rheines sich mixen.
    Sie ließen bis Bozen
    Sich mühelos lotsen;
Doch wurde das heikel bei Brixen.

KAUM ZU GLAUBEN ...

In St. Polycarp bei den Mönchen
Trug einer den Bauch wie ein Tönnchen.
    Da lagerte meist
    Ein Fläschlein »Feist«.
Das merkte man unlängst beim Röntgen.

... ABER WAHR

Ein Mensch, der den Pamir bestiegen,
Sah dort einen Greis sich vergnügen.
    Sprach der Greis im Pamir:
    »Vazeihnse, ick hamir
Valoofen – wo jehts hier nach Rügen?«

SÜSSE KOST

Ein Ungar hat niemals gemuckt
Und hat ungar sein Gulasch verschluckt.
    So geht es doch meist:
    Wenns dich nur preist,
Dann schmeckt dir das trübste Produkt!

DER BÜRGER ALS ERZIEHER

Es war ein Herr Dobler in Wien,
Der hob die Verkehrsdisziplin:
    Vor dem rasendsten Buick
    Ging er extra ruhig.
Es *war* ein Herr Dobler in Wien.

NUR DU ALLEIN

In Sievering schrammeln die Schrammeln,
Damit sich die Fremden versammeln
    Und selig beim feurigen
    Säurigen Heurigen
Heitres im Walzertakt stammeln . . .

HIER SIND DIE WURZELN

Ein Schweizer fühlt gern sich als Anwalt
Des Guten, ja gleichsam als Bannwald,
    Der, treulich gepflanzt,
    Hof und Acker verschanzt,
Wenn des Unrechts Lawine heranwallt.

AM RECHTEN ORT...

Wer friedlich daheimbleibt in Bielefeld,
Genießt, daß er niemals in Priele fällt;
    Auch in keinerlei Klamm
    Und bei keiner Madame
Oder Miß in Versuchung – wie viele – fällt.

...ZUR RECHTEN ZEIT

Es tat eine Jungfrau in Alzey,
Als ob in der Liebe sie kalt sei.
    Sie sagte, sie müsse
    Verwehren die Küsse.
(Sofern es nicht abends im Wald sei!)

WARUM NICHT GLEICH SO?

Es gab einen Greis in Brackwede,
Der lag mit den Dichtern in Fehde:
    Weil keiner bislang
    Brackwede besang.
So sei denn von ihm hier die Rede.

ORDNUNG MUSS SEIN

Ein Bahnschrankenwärter aus Franken
Ging nach seinen eignen Gedanken.
    Er kam gar nicht weit,
      Nur bis Oberhaid,
Denn man wies ihn sofort in die Schranken.

MUSS EINEM JA ...

Pepita, Bürokraft in Lima,
Schrieb öfter mal Aklim statt Klima.
    Doch heißt es vertraulich,
      Rein weltanschaulich
Sei Fräulein Pepita ganz prima!

... VORHER GESAGT WERDEN

Ein Schafhirt hoch in den Abruzzen,
Der wollte den Schi-Lift benuzzen
    Mitsamt seiner Herde,
      Betonend, er werde
Die Tiere natürlich erst puzzen.

GLATTE RECHNUNG

Hein Mück, ein erfahrener Seemann,
Bewährt sich auch bestens als Ehmann:
    Zwischen Melbourne und Plauen
    Hat er nicht mehr Frauen
Als Meier und Schulze und Lehmann!

IM ALTEN FAHRWASSER

Ein dänischer Maat in Amoy
Funkt heimwärts: ·· − − − − − ··· · − ·· · ·· − ···
    Seine Gattin in Horsens
    (Die kundig des Morsens)
Bemerkte: »Das wäre mir neu.«

NICHT DRIN

Im Rhein bei Neuwied oder Sinzig
Befindet kein einziger Stint sich.
    Bestimmt, daß ein Stint
    Empfindet: hier sind
Die Stellen, die rein sind, zu winzig.

LOB DER NÜCHTERNHEIT

Wenn je, sitzt ein Schwabe nur skeptisch
Im Nachtklub am funkelnden Nepptisch.
    Weil einmal der Schwabe
    Gern hütet die Habe
Und auch nicht des Bacchus Adept isch.

— · · — · · — · — · — · — · — · · · —

GETEILTE TRADITION

Froh zwitschern die Jungen in Pfrungen,
So wie schon die Alten gesungen.
    In Pfons, Pfünz und Taxis
    Herrscht andere Praxis:
Dort ist man vom Pfortschritt durchdrungen.

GUT AUFGEHOBEN

Don Pedro, ein Hirt aus den Anden,
War nur in den Akten vorhanden.
    Erhoben zum Fakt
    Durch amtlichen Akt,
Hat Pedro fast ewig bestanden.

GEHEIMNIS DER SPRACHE

Wo Tobel sich finden, die brodeln,
Dort ists auch, daß Jodelnde rodeln.
    Aus Tütschengereuth
    Kommen biedere Leut,
So füllend verborgene Modeln.

KEINE HALBEN SACHEN!

Ein denkender Mitmensch in Brighton
Ließ nie sich zum Streite verleiten.
    Er sagte: »Der Streit
    Gelingt nur zu zweit.
Da will ich schon gründlicher fighten!«

WARUM AUCH?

Du findest nur wenig Armenier
Sich tummeln im Staat Pa.
    In N.C.,
        Da wohnt auch nicht einer.
In Mich. sind es noch wenier.

MIT IHM NICHT

Es war ein Gemütsmensch in Lyttleton,
Der tat nur, was andre bekrittelten.
    Er sagte: »Betrüblich
    Ist meistens, was üblich,
Und Gift für die heiter Bemittelten!«

ANGELSÄCHSISCHES

Ein angelnder Sachse lädt ein
Zu Zweifeln, wenn angelnd im Tyne.
    Denn ruft man ihm zu
    Ein »How-do-you-do«?
Oder sagt man: »Nu beißense fein?«?

WO DU NICHT BIST...

Ein denkender Mitmensch in Anderten
Verstand nicht die Menschen, die wanderten.
»Am Ziel des Gewanders
Ists auch nicht viel anders.«
So sprach er. »Da bleib ich in Anderten.«

...DA IST DAS GLÜCK

Ein Schleifscheibendrehergeselle
Versah nur frustriert seine Stelle.
Metallspanabnehmer,
Die hättens bequemer,
Was echt ihm das Schleifen vergälle.

...UND AUCH DORT

In Zweifelsheim, Zorndorf und Zanken,
Auch da hat man gute Gedanken.
In Sorge und Quaal
(Wie in Freudental)
Kannst freudig dem Schöpfer du danken.

SCHWABENSAFARI

Kam einer gelaufen aus Aalen
Zum Bräunen in sonnigen Kralen.
    Kam einer aus Lauffen,
      Im Kral zu verschnaufen.
So konnten denn beide sich aalen.

GUTES EINVERNEHMEN

Man denkt in Pnom Penh und in Zeltingen
Nicht eben verschieden in Gelddingen.
    Man teilt auch in Laibach
      Höchst ungern den Reibach.
Wie sind wir doch einig! (In Gelddingen.)

AUCH EIN REZEPT

Auf einem Parteitag im Gürzenich,
Da fehlt es an geistiger Würze nich.
    So scherzte dort jüngst
      Ein Redner aus Vinxt:
Nur der, der stets umfällt, der stürze nich.

THEORIE UND PRAXIS

Nach Rhodos kam einer aus Malta,
Der als Hochsprungexperte bestallt da.
    So tönt er: Zu Haus
    Sticht er jedermann aus.
Sagt ein Rhodier: »Hic Malta, hic salta!«

DAS MANDAT DER KUNST

Ein Stardirigent in Bayreuth
Hat nie das Besondre gescheut.
    Den Walkürenritt
    Nahm er immer im Schritt,
Um zu geißeln die Hektik der Zeit.

DIE RECHTE KOST

Es gab eine Bäurin in Hatzte,
Die saß nur im Kuhstall und jazzte.
    Beim »Anything goes«
    Rann die Milch ganz famos,
Während Schönberg den Output verpatzte.

DENN DAS GUTE...

Um Heiles zu suchen und Wahres
Begib dich nicht erst nach Benares!
    Denn auch schon in Neviges
    Hütet man Ewiges.
(Wenn auch bisweilen mehr Bares.)

... LIEGT SO NAH

Du kannst in Paris und in Ummeln
Unsterblich sein und auch verbummeln,
    Am Nil und in Oeynhausen
    Gemein und amön hausen.
Es liegt nur an uns, uns zu tummeln.

ECHT UND RECHT

Gern traute der Pfarrer von Prien
Einen Mann, der mit Gamsbart erschien.
    Streng trieb er zu Paaren
    Die Gamsbartbaren.
So streng treibt es manche Doktrin.

NATÜRLICHE GRENZEN

Es machten drei Tramper aus Kempten
Publik, daß nach Grönland sie trampten.
    Doch gibts hinterm Schelfmeer
    Kein Bier nach halb elf mehr.
So machten sie kehrt in Southampton.

GUT GEWOHNT...

Baut einer sein Häuschen in Witzwort,
Nimmt niemand ihm diesen Besitz fort.
    Man glaubt ja, es wär
    Der Ort eine Mär.
So lebt wohl manch Wahrheit im Witz fort.

...IST HALB GELEBT

Wer friedlich in Wohnste gewohnt,
Der fühlt sich vom Schicksal belohnt.
    Auch in Wohlmirstedt
    Lebst du sicherlich nett
Und vom Weltstadtgedrängel verschont.

Feine Gesellschaft

LEUCHTENDES BEISPIEL

Herr Nimmitsch, ein Muster von Kunde,
Kauft Hummersalat seinem Hunde.
    »Dies fordert«, sagt Nimmitsch,
    »Nun einmal sein Image:
Kein Hund will ein Hund sein im Grunde.«

TRÜBES GEGENBEISPIEL

Ein zynischer Greis in Khartoum
Verbuchte den traurigsten Ruhm
    Mit dem Schlagwort »Kein Jeck
    Wirft ein Auto gleich weg!«,
So nagend am Sinn für Konsum.

DIE DIAGNOSE

Ein Seelenarzt hört mit Befremden
Von einem Patienten aus Emden,
    Dem – oft jedenfalls –
    Wie verschnürt war der Hals.
Und verordnet ihm größere Hemden.

FÜR KENNER

Es gab einen Greis in Apolda,
Der sagte, er fänd es ganz toll da.
    Und nur, wer vom Jet-set,
      Wer Spaß am Gehetz hätt,
Der frage schon mal, was er soll da.

WER HAT...

Ein Ölscheich aus Aserbeidschan
Verbrachte sein Leben im Tran.
    Er hielt sich immun
      Gegen jegliches Tun.
Selbst das hat er lustlos getan.

... DER HAT

Ein Scheich kam zur Kur nach Bad Breisig.
Er hatte sechs Gattinnen bei sich.
    Die Damen des Orts,
      Denen neu der Proporz,
Begrüßten die Gattinnen eisig.

AUFWÄRTS

Kein Fühlender redet von Flittchen
Bei Damen im Porsche, im schnittjen.
    Ganz gleich, was dein Fach,
      Dein Nimbus bleibt schwach,
Verdienst du zu Fuß deine Dittchen!

ABWÄRTS

Beim Tanz um das goldene Kalb fällt
Manch Mädchen und stürzt in die Halbwelt.
    Sie hockt in der Nachtbar
      Mit Herren, die achtbar
Und denen das Haar sanft vom Skalp fällt ...

BILDUNGSREISE

Ein Fräulein, ein grade schon flügges,
Durchwandert die Kirchen Alt-Brügges.
    Erkundigt sich wer:
      »Führt der Memling Sie her?«
»Nee«, sagt sie, »ich fahre mit Tigges.«

SPASS MUSS SEIN

Ein alter Asket in Nordstemmen
Aß froh seine mageren Bemmen.
    Er sprach: »Ein Asket
    Ist ein Mensch, der's versteht,
Bis hart an die Bahre zu schlemmen.

LEBENSART

Man kippt den Wacholder in Pippensen.
In Rom oder Rio, da nippensen.
    Dort essen die Snobs
    Auch dezent ihren Klops.
Und nur, wenn du wegsiehst, dann stippensen.

STANDESPFLICHTEN

Nie zeigt ein Metalloberflächen-
veredler sich unfein beim Blechen.
    Noch vornehmer ist
    Ein Diplomorthoptist:
Der läßt sich von uns gar nicht sprechen!

LEISTUNGSGESELLSCHAFT

Ein Greis auf den Neuen Hebriden,
Der gab sich mit gar nichts zufrieden.
    Kaum hundert, ganz knapp,
    Weist ein Fräulein ihn ab.
Da raunzt er: »Nichts klappt doch hienieden!«

ANDRE LÄNDER ...

Big Bottle, ein alter Komantsche,
Trank Whisky mit Soda zum Lunche.
    Sein Haustherapeut
    Sah das wenig erfreut,
Da so früh man den Whisky nicht pantsche!

... ANDRE SITTEN

Es gab einen Maurer in Eltmann,
Der sagte: »Was umfällt, das hält man.«
    Ein Maurer in Briel
    Riß nieder, was fiel.
Der war – man bemerkt es – mehr Weltmann.

FÜR GENIESSER

Sich laben an Morcheln und Trüffeln,
Sich aalen und schnorcheln und schnüffeln –
    Und fehlte zum Schluß
    Noch ein neuer Genuß:
Wie wärs mit dem Werkeln und Büffeln?

GEHEIMTIPS

Wer freudig aus jedem Klischee fällt,
Macht Ferien in Bottrop und Krefeld.
    Ein Fex, der gern auffällt,
    Macht Highlife in Laufeld
Und höchstens in Nizza, wenn Schnee fällt.

DER ZERRISSENE

Es war ein penibler Kentaur,
Den machte der Zustand ganz saur,
    Daß unten im Stroh saß,
    Was oben Cocteau las.
Ja, Halbheit ist schlimm auf die Daur!

MAN KANN AUCH ALLES ...

Ein patriarchalischer Kopte,
Den wurmte die Welt, die versnobte.
    So schalt er (mit Fug)
    Seine Putzfrau: die trug
Ein Häubchen aus Nerz, wenn sie moppte.

... ÜBERTREIBEN

Ein Kaufmann von großer Noblesse
Gab acht, daß nie man vergesse
    Die Käufer zu warnen
    Vor Flachsbastgarnen – :
Von wegen der häßlichen Esse.

DER STELLENWERT

Kein Mensch mag in Rom oder Alsleben
Verschuldet bis hart an den Hals leben.
    Erst mit Millionen
    An Obligationen
Läßts fein sich am Rand des Verfalls leben!

DER MENSCHENFREUND

Es gab einen Greis an der Luhe,
Der schenkte den anderen Ruhe.
    Und zwar so perfekt,
      Daß kein Mensch hat entdeckt,
Wer solcherlei Wohltat ihm tue.

ALLES HAT ...

Ein Haushaltsexpert an der Ahr,
Betonte: »Der Haushalt sei wahr!
    Welch Minus da winkt,
      Zeig er ungeschminkt –
Falls nicht doch immerhin wohl obzwar ...«

... SEINE GRENZEN

Man pilgert am Strande von Sylt
In keinerlei Tülle gehüllt;
    Trägt höchstens als Zier
      Ein Fernsehbrevier.
Auch nackt bleibt der Mensch ja gebüldt.

HEILSAME NATUR

Ein alternder Lebemann büßt
Seine Sünden im Sande von Juist.
    Bei Wind und Bewässrung
    Gelingt ihm die Bessrung:
Nun ist er noch einmal so wuist!

WIE MANS MACHT ...

Ein höflicher Spötter in Peine
Schwieg meistens – das war das Gemeine.
    Sein Schweigen, wie steinern,
    Ward peinlich den Peinern.
Sie dachten: Er denkt sich das Seine!

... MACHT MANS FALSCH

Ein Mensch, von sich selber in Kenntnis,
Legt ab vor der Welt ein Geständnis.
    Die fühlt nun erst jetzt
    Sich lang schon verletzt ...
Mit dem Beichten hats seine Bewendnis.

LOB DER MENSCHLICHKEIT

Zum Landvogt sprach König Kandaules:
»Er melde mir, wenn wo was Faules!
    Nicht, daß ich verlegen . . .
    Nur der Presse wegen
Und ihres humanen Gejaules!«

MIT DER ZEIT!

Der Raugraf Graf Kuno von Greiz
Entledigte nie sich des Kleids
    Mit Troddeln und Zaddeln
    Beim Dribbeln und Paddeln.
Er sagte: »Die Mode gebeuts.«

ZARTGEFÜHL

Es war ein Graf Heyterding-d'Este,
Den störten Verfall und Gebreste.
    Sein Milchmann, der kahl,
    Kam jedesmal
Mit Turban – als freundliche Geste.

KLUGE BESCHEIDUNG

Sprach Emil zum Söhnchen Andreas:
»Nu strebe man scheen nach wat Heeas!
    Villeich nur valeechste
    Dir nich jrad uffs Heechste.
Von det weeß doch keena wat Neeas.«

WIE MANS SIEHT

»Ick fahre«, sagt Emil, »nach Hai-nan.
Ick will mir fernöstlich vafeinan.
    Un füllnse statt Eisbein
    Dir nurn paar Gramm Reis ein –
Det Feinre liecht ebent im Kleinan!«

Sagt Gustav: »Ob Hai-nan, ob Amman –
Im Ausland is allet szum Jamman.
    Ick komm in Samoa
    Janz doof mir voa,
Ooch ohne ant Eisbein szu klamman!«

Zwischen Gut und Böse

NICHT ZU TRENNEN

Ein Handelsvertreter aus Zug,
Der hielt es für blanken Betrug
    Am eigenen Glücke,
    Zu handeln mit Tücke.
Ja, war der nun gut oder klug?

KEINE BERECHNUNG!

Es gab einen Dickkopf in Mutzig,
Der trieb nur Geschäfte, die schmutzig.
    »Wer rein ist von Trug,
    Ist im Grunde nur klug.«
So sprach er. »Und das macht mich stutzig.«

SO GEHTS

Ein Mensch, der mit Knurrhähnen handelt,
Fühlt anfangs sein Innres verschandelt.
    Doch bald (so die Norm)
    Denkt er knurrhahnkonform.
Wie schnell doch ein Innres sich wandelt!

SO GEHTS NICHT

Ein Bürger trat immer ganz leise.
So ward er zum würdigsten Greise.
    Nun, zwar handelt menschlich,
    Wer stets mit dem Trend schlich;
Doch ist das nicht würdig noch weise.

DIE SUBLIMIERUNG

Ein Wilder, durch ernstes Bemühen
Zum Christen und Bürger gediehen,
    Nahm zu sich seither
    Keine Menschen mehr
Und verschlang nur noch Biographien.

DAS EINFACHE LEBEN

Ein Jünger der Weisheit am Ganges
War müde des weltlichen Zwanges:
    Gab nie für Gewinn
    Seinen Gleichmut hin.
Und weil er sehr reich war, gelang es.

REISELUST

Nach Schwabing kommt keiner aus Indien
Nur wegen der Künstler, der windien;
    Kommt keiner aus Norwegen
    Nur einer Maß Pschorr wegen – :
Wer reist, will schon gründlicher sündien!

GUT DING

Der Mensch dort ist arm und *der* reich,
Der Schuster, *der* Schulrat, *der* Scheich.
    Wohl ist das nicht fair,
    Und man wünscht sich, es wär
Die Menschheit einst gleich. Aber gleich?

EARLY BIRD

Wir lernten: Ein Vogel, der früh,
Besorgt sich den Wurm ohne Müh.
    Draus geht doch hervor:
    Leg dich länger aufs Ohr!
Sonst wirst du mal früh zum Menu.

DA STEHST DU...

Dein noch so berechtigtes Unken
Prallt ab an zu glatten Halunken.
    Ihr dreistes Schibboleth
      Hieß immer: »Non olet«,
Und hats auch den Biedren gestunken.

... MACHTLOS VIS-A-VIS

»Der Krieg ist so ziemlich das Dummste«,
Sprach Otto, wenns irgendwo rumste.
    »Der feinre Esprit
      Zählt dann immer fast nie.
Im Krieg ist am klügsten der Plumpste.«

GEFÄHRLICHER KURZSCHLUSS

Ist gutes Betragen Betrug?
Es folgt sein Ertrag doch im Flug.
    Nun, summa summarum
      Tuts keiner nur darum –
Es bleibt noch Entsagung genug.

TRÜBE AUSSICHT

Du findest die trefflichsten Gründe
Für Bosheit, für Feigheit und Sünde.
    Bei dem, was nur recht,
    Scheint die Aussicht geschwächt,
Daß so leicht man die Gründe verstünde.

VON TATEN . . .

Ein Tatmensch spricht gern schon von Fortschritt,
Nur weil er von hier mal nach dort schritt.
    Ja, manch einer nennts
    Konstruktive Tendenz,
Sobald er nicht grade zum Mord schritt.

. . . UND WOHLTATEN

Es weckt auch der schönste Gewahrsam
Den Dank des Bewahrten nur sparsam.
    Schon Küken und Kalb
    Traun der Liebe nur halb
Und ahnen dem Hüter sich nahrsam.

FEHLBESETZUNG

Es war eine Barfrau, die Mizzie.
Statt heiter zu plaudern, da stritt sie.
    Das Leben? Nur leidlich.
    Und das auch nur zeitlich.
»Denn nimmt mans im ganzen – ich bitt Sie!«

DAS ALTE PROBLEM

Gedenkend des Modus vivendi,
Will ächten ein alter Efendi
    Den Waffengebrauch
    (Wenn die andern das auch . . .).
Sagt Hassan, sein Diener: »Ja, wenn die!«

KEINE MÜDIGKEIT VORSCHÜTZEN!

Es war ein Gemütsmensch in Banteln,
Der hielt nichts vom Nörgeln und Granteln.
    Er sprach: »Das Gemaule
    Ist nur was für Faule.
Ich werde gleich wild wie Taranteln!«

DIALOG

Du sagtest, wieviel dich empört.
Mich hat das nicht weiter gestört.
    Weil einerseits meinerseits,
    Andrerseits deinerseits
Jeder sich selber nur hört.

EIN FRÖHLICH HERZ

Es gab einen Redner in Rethen,
Der stets in den Fettnapf getreten.
    Er sprach: »Die Entgleisungen
    Sind heimliche Weisungen:
Gott hat sie nicht gern, die Diskreten.«

DIE UMKEHR

Ein Gangster, gepeinigt von Ängsten,
Legt nieder sein Rauben und Gangsten.
    Hat, frei vom Infarkt,
    Den Privatpark geharkt.
Ach, ehrlich währt immer am längsten!

GEWISSEN IM UNGEWISSEN

Jüngst hab ich Herrn B. nicht gegrüßt.
Das hat mich im tiefsten verdrießt.
    Nun heißt es, daß der ja
    Längst wohnt in Nigeria.
Drum schau schon gut hin, eh du büßt!

STELLUNGSFRAGEN

Dort winkt uns Verachtung, dort Ehrung:
Am Platz nur liegt solche Verkehrung.
    Im Dienst des Genies
    Wird ein Krümelservice
Zum Gegenstand kluger Belehrung.

DER RECHTE TON

Die Menschen (schon seit der Antike),
Sie störte nicht, ob man sie pieke.
    Wir mögen es halt,
    Wenn es ordentlich knallt.
C'est le ton, qui fait la musique!

SCHWIERIGE WAHL

Wir taten, wozu wir verpflichtet,
Und waren am Ende gerichtet.
　　Ach, beides kann trügen:
　　Die Pflicht, das Vergnügen.
Hauchfein sind die Dinge gewichtet.

AUSHALTEN...

»Obdura«, so mahnte Catull dich,
»Halt aus und ertrag es geduldig!«
　　Doch besser: du wägst,
　　Was geduldig du trägst.
Denn alles zu dulden, macht schuldig.

...UND HAUSHALTEN

Du willst dich aus allem heraushalten?
Vielleicht schon genügts, wenn wir haushalten:
　　Mit Ängsten und Wut,
　　Mit der Liebe, dem Mut –
Wer's weise verteilt, kann auch aushalten.

SO ODER SO?

Wer still seinen Knochen vergraben,
Den ärgert, wenn andre sich laben.
    Doch die, die die Knochen
    Genüßlich verkochen,
Sie greinen, wenn andre was haben!

AUF DER GROSSEN WAAGE

Wir meinen, was nahrhaft-verzehrbar,
Sei nie so ganz wahrhaft und ehrbar.
    Vielleicht, weil der Geist
    (Zumindest zumeist)
Noch mehr als der Bauch ist vermehrbar.

AUCH WENN ES SCHWERFÄLLT

Ein brutzelndes Schnitzel verputzen,
Ist kaum deiner Linie von Nutzen.
    Drum, riechst du pommes frites
    Und den Tafelspitz,
Dann solltest du stutzen und trutzen.

DER BUMERANG

Es gab einen Greis in Burgwedel,
Der sagte: »Sei hilfreich und edel!
    Kein windiger Trick,
     Der nicht fände zurück
Nach Burgwedel. Die Bösen sind Blödel.«

DIMENSIONEN

Wie klein ist doch meistens die Summe,
Für die mans versucht auf die krumme!
    Wie lächerlich kurz
     Sind zum Laster die Spurts!
Und lange nur bist du der Dumme.

ALTE SPIELREGEL

Hast immer nur Haltung bewiesen.
Nicht einer, der drum dich gepriesen.
    Doch heißts gleich »aha!«
     Beim kleinsten Fauxpas.
Man zählt ja stets doppelt die Miesen.

SOLL UND HABEN

Was hilft es, zum Edlen nur Mut haben?
Du solltest auch haben ein Guthaben.
    Wenn hungrig und grantig
    Erheitert kein Kant dich.
Wir sind doch nur gut, wenn wir's gut haben.

GUTE NACHT

Wer kundtut: »Da kann man nichts machen«,
Kriegt niemals in Schuß seine Sachen.
    Vielleicht, daß er dies
    Nicht mal sieht mit Verdrieß.
Denn Machen erfolgt nur im Wachen.

FEIERABEND

Man schließt mit Behagen die Tür.
Man holt aus dem Eisschrank ein Bier.
    Man macht sich ein Brot.
    Nun ist alles im Lot.
Und wer gab sein Leben dafür?

Allerlei Spruchgut

ALTE ERFAHRUNG

Man rechnet recht ungern in Dillingen
Mit Unzen, Gallonen und Schillingen.
    Man rechnet in Beuthen
    Auch kaum noch mit Deuten.
Gar niemand wohl rechnet mit Zwillingen.

AUGEN AUF!

Auf Erden, ob östlich, ob westlich,
Gibts Winkel, die köstlich und festlich.
    Ob nördlich, ob südlich,
    Ists örtlich gemütlich.
Wer sucht, der wohnt immer palästlich.

CÄSARENRAT

Verkünde kein »alea jacta«,
Wofern du soldatisch stehst nackt da!
    Und hast du's nicht dicke,
    Vertrau nicht dem Glücke,
Sonst legt es dich klanglos ad acta.

KUNST DES SERVIERENS

Paß auf, von Gedanken ganz prall:
Ein Einfall kommt öfter vorm Fall.
    Und wenn es dich kitzelt
    Wie Schaumwein, der bitzelt –
Ein Könner vermeidet den Knall.

TÜCKE DES EVIDENTEN

Du solltest beim Scheren von Pudeln
(Auch sonst zwar) nie schummeln und hudeln.
    Denn grade mit dem,
    Was man nachmißt bequem,
Ist es leicht, deinen Ruhm zu besudeln.

IMMER ÄRGER MIT DEN PARZEN

Ach! Atropos, Lachesis, Klotho
Sind launischer noch als das Toto!
    Fast hinterrücks
    Sind wir am Styx
Und waren noch eben in Vlotho.

HALBER REIZ

Wer einsam sich räuspert und schneuzt,
Der fühlt seine Krankheit durchkreuzt.
    Denn die schönste Erkältung
    Kommt gar nicht zur Geltung,
Solang sie dich selber nur reizt.

GUTER RAT . . .

Fühl nicht als Rentier dich als Rentier,
Und kommst du noch vor ganz behend dir!
    Stell den Lauf querfeldein,
    Auch wenns schwerfällt, ein!
Heb auf dir den letzten Moment hier!

. . . GAR NICHT TEUER

Kauft einer sich *ein* Lotterielos,
Dann hats ihn – dann läßt ihn das nie los.
    Bleib absolut loslos,
    Sonst bist du dein Moos los!
Das ahnt auch, wer ganz phantasielos.

KONNEX

Wem's fehlt an der nötigen Puste,
Der sagt, daß er allen was huste.
    Denn heimlich verfilzt
    Ist das, was du willst,
Mit dem, was du kannst, und das tuste.

KOMPLEX

Du stößt bei den Bantus auf Sachsen,
Kennst Gauner, die wunderbar flachsen;
    Kein Schinken ist schier,
    Kein Schaum ohne Bier.
Wie seltsam ist alles durchwachsen!

TRÖSTLICH

Die Tassen, die Träume, die Knochen –
So viel ist uns rüde zerbrochen.
    Doch siehe: man lebt
    Auch gekittet, geklebt
Ganz froh noch die restlichen Wochen.

ARBEITSTEILUNG

Wer immer nur brav im Büro saß,
Denkt kaum wohl im Stil Marquis Posas.
    Wie seinerseits nie
    Der gute Marquis
Vor Bilanzen bei Knebusch & Co. saß.

ENTDECKERFREUDEN

Wen immer nach Ruhm es gelüstet,
Der zeige sich erstmal entrüstet.
    Schnell ist auch entdeckt
    Ein suspektes Subjekt,
Mit dem man – voll Abscheu – sich brüstet.

FATALER ZIRKEL

Wir denken, wenn einer was macht,
Er hätte sich etwas gedacht.
    Doch der hat gedacht,
    Daß ein andrer das macht.
Drum, siehst du wen machen, gib acht!

FAST VORAUSZUSEHEN

In Schabernack, Zartwitz und Zingst
Begrüßt man es, wenn du was bringst.
    Doch wenn du was willst,
      Ob in Ob oder Hilst,
Ist füglich die Freude geringst.

IM LEISEN ALLEIN ...

Ein Angler am Rhein oder Hudson
Wird unruhig beim leisesten Schwudson.
    Ja, auch schon ein Tuscheln,
      Ein Rascheln von Muscheln
Vermag ihm den Fang zu verpudson.

... KANN WEISES GEDEIHN

Wer punzt oder schnitzt oder batikt,
Den stört jede Uhr, die zu nah tickt.
    Er lege sie frank
      In den Tiefkühlschrank
Oder wo's ihn nicht stört, wenn sie da tickt.

GETRENNTES GLÜCK

Ein Kustos, der Mumien beschriftet,
Ein Tischler, der Windrispen schiftet –
    Äß einer aus Not
    Des anderen Brot,
Er fühlte sich grausam vergiftet.

KOMPLIZIERTES GLÜCK

Ein Hi-fi mit 1-Bit-Funktion
Klingt im Ohre des Laien wie Hohn.
    Nur das, des wir kundig,
    Entlockt uns ein »pfundig!« –
Erkunde dich selbst mal, mein Sohn.

WAHL OHNE QUAL

Wie schön ist ein Plan, ein globaler!
Sind greifbar die nötigen Taler.
    Drum, gehst du zur Wahl,
    Denke lieber frugal!
Du wählst nur dich selbst: den Bezahler.

SCHWACHER TROST

Was manche berappen rein steuerlich,
Ist (ehrlich besehn) ungeheuerlich.
    Indessen war dieses
    Schon Brauch bei Kadphises,
Und da schon nicht eben grad neuerlich.

SCHLECHTER STIL

Kein Staatsmann von Intelligenz
Folgt je so verwegenen Trends
    Wie, sagen wir, Nero
    Mit seiner nunmehro
Berüchtigten Frage: »Wo brennts?«

KEIN LICHTBLICK?

Wer über die Zeiten Gericht hält,
Tut gut, wenn er manchmal auch dichthält.
    Denn jegliches Säkel
    War voll von Gemäkel,
Und kaum wer, der seines für licht hält.

SEI MILD!

Mal ärgert dich Franz und mal Frieda,
Mal der da, mal das da, mal die da.
    Nur darum kein Haß!
    Es war immer was.
Ganz ohne was war wohl noch nie da.

KLEINE URSACHE ...

Wie steht doch das Glück auf der Kippe!
Oft machts eine einzige Schrippe.
    Oft sind wir verdorrt,
    Weil ein einziges Wort
Nicht kam von befreundeter Lippe.

... GROSSE WIRKUNG

So nimm in der Laufbahn des Lebens
Das Gleichmaß zum Ziel deines Strebens.
    Ein einziger Hops
    In verbotne Galopps –
Und es war all dein Traben vergebens.

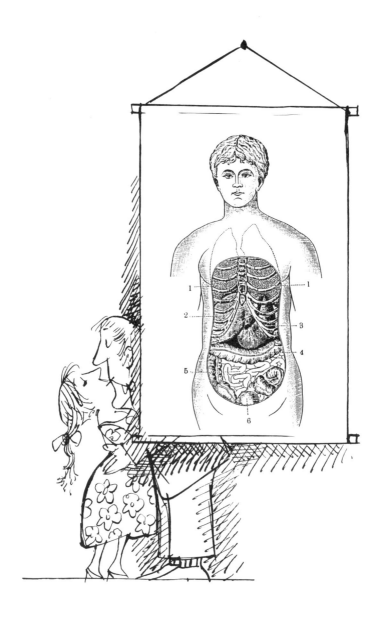

WIE MANS SIEHT

Axillen, Arterien, Arthrosen,
Claviceln, Funiceln, Zirrhosen –
    Der Mensch, anatomisch
    Betrachtet, ist komisch
Und höchstens in toto zu kosen.

DUNKLER VOLKSMUND

Ein Sätzlein macht öfters die Runde:
»Den letzten beißen die Hunde.«
    Zu beißen den ersten,
    Scheint demnach am schwersten.
Warum, bleibt ein Rätsel im Grunde.

WAS DAUERT

Schnell naht sich beim Wechsel die Fälligkeit.
Im Nu wird aus Dunkelheit Helligkeit.
    Es naht sich behende
    Fast immer das Ende.
Kein Ende nur nimmt die Geselligkeit.

GEWICHTSKONTROLLE

Du bist nur, solange du beißt.
Doch beißt du zu viel, wirst du feist.
    Drum halte den Daumen
    Schön fest auf den Gaumen
(Sofern du das Bild mir verzeihst)!

QUALITÄTSKONTROLLE

Die schlimmsten von all euren Freunden
Sind jene stets Beifall verstreunen.
    Weit besser, bei Feinden,
      Gemeinen, verneinden,
Humorvoll sich einzugemeinden.

ÜBERRASCHENDE STRECKE

Wer munter durchs Leben gehupft,
Ist oftmals am Ende verschnupft.
    Wer wachsam gepirscht,
      Tat es oftmals zerknirscht.
Wie bunt ist das Leben getupft!

GESPALTENES LEBEN

Nur wenn in den Wolken du schwebst,
Da fühlst du so richtig: du lebst.
 Doch läßt sich's vom Schweben
 Nur mangelhaft leben.
Da ist es schon besser, man krebst.

MEISTERLÄUFE

Mag sein, daß ein Mensch sich verrennt.
Was zählt, ist: er tuts konsequent,
 Erscheinend am Ziel
 (Am falschen) mobil
Und als endlich entdecktes Talent!

DICHTEN UND DENKEN

Wer nie sein Gedachtes gedichtet,
Ist schon von der Nachwelt gerichtet.
 Und umgekehrt:
 Wer zu dichten begehrt,
Sei doppelt zum Denken verpflichtet.

Sachen gibts

HEILSAMES HOBBY

Es gab einen Sammler in Lünen,
Der sammelte Straßenbahnschienen.
    Er sprach: »Du vergammelst,
    Sofern du nicht sammelst.«
Und wies auf enorme Vitrinen.

KURZER PROZESS

Es gab einen Tierfreund in Bebra,
Der hielt sich im Keller ein Zebra.
    Woselbst es verblich,
    Zumindest für mich,
Denn es gibt keinen Reim mehr auf -ebra.

GALANT

Ein Männlein, ein krankes und armes,
Las immer nur Harems statt Harmes.
    Egal, was dir fehle:
    Dir zauberts die Seele
Vors Auge voll gütigen Charmes.

HILFREICHE FÜHRUNG

Ein alter Touristenbegleiter
Ging stets in die Irre, ganz heiter.
　»Wer draufzahlt ein Lehrgeld,
　　Hat einst um so mehr Geld.«
So sprach er. »Die kommen nun weiter!«

NUTZE DIE ZEIT!

Ein pfiffiger Bursch an der Jagst
Tat nie was, doch das tat er strackst.
　　Er sagte: »Je nun,
　　Was du doch mal mußt tun,
Tu's gleich, weil du's später nicht packst!«

DIE MENSCHENFREUNDIN

Ins Leben rief jüngst eine Dame
Die Liga für Gegenreklame.
　　Mit Anzeigen wie
　　SCHON HOMER RAUCHTE NIE
Bekämpft sie die Sucht, die infame.

SICH SELBST BESIEGEN ...

Ein Fakir verkneift sich sein »autsch!«
Wenn sitzend auf kuschliger Couch,
    Und denkt nur verstohlen
    An glühende Kohlen.
So will es der Brauch von Kanaudsch.

... IST DER GRÖSSTE SIEG?

Ein Mensch, der sein Messer schon wetzte,
Lenkt ein und benimmt sich aufs nettste.
    Das Traurige nur:
    Nun hat *er* die Blessur.
Tief drinnen. Da stichts nun: ach, hättste!

PROBATUM EST

Ein Kunstdezernent in Cuxhaven,
Der weidete sich an den Schafen:
    Um all die Banausen,
    Die hausen im Grausen,
Durch Heiterkeit Lügen zu strafen.

AUF DEM POSTEN

Es gab einen Landsknecht in Zossen,
Der nie hat sein Pulver verschossen.
    Im Pulverdepot
    Hat er lang noch und froh
Das Putzen der Fäßlein genossen.

TÄTIGE AMTSHILFE

Ihm schickte ein Landsknecht aus Zwuschen
Drei Fuhren verschmutzter Kartuschen.
    Natürlich lag bei
    Die Kartuschenkartei.
Denn der Barras verbiete das Pfuschen!

DURCH WELTEN GETRENNT

Du stehst an belehrenden Stätten
Vor Psittacosaurusskeletten
    Und denkst wie gebannt
    An den Bockbierstand.
(Was jene vermutlich nie hätten.)

GEMISCHTE PRODUKTION

Pompilius verfertigte Büsten,
Die Kenner wie Käufer begrüßten.
    Die frommeren Kreise
    Bezogen mehr Zeuse,
Mehr Junos hingegen die wüsten.

HERRSCHERTUGEND

Thutmosis nahm immer sein Nachtmahl
Nur dreimal, nie sieben- und achtmal.
    So streng war Thutmosis
    In puncto der Dosis.
Denn der, der nicht maßhält, verkracht mal!

UNGLEICHER KAMPF

Dem Menschen, ins Leben hineingestellt,
Hat dieses dann plötzlich ein Bein gestellt.
    Nun, gar nicht so schnurz
    War dem Menschen der Sturz.
Das Leben an sich war drauf eingestellt.

KEIN VORWITZ!

Ein Mensch, der stets weiter gedacht,
Hat den Abend noch unfroh verbracht.
    »Das Ende«, so sprach er,
    »Kommt immer erst nachher.
Ich lobe nicht gern vor der Nacht.«

VERSPIELTE KUNST

Ein Spielmann besaß ein Figürchen,
Geknüpft an verblüffende Schnürchen.
    Fast unsichtbar
    War ein Meermädchenhaar,
Das bewegte den Zeiger am Ührchen.

GNOMOLOGISCHES

Im Heerbann der Gnome war einer,
Der diente so hin als Gemeiner.
    Er sagte: »Was solls?
    Eben das ist mein Stolz –
Je größer der Gnom, desto kleiner.«

EIN STILLER GENIESSER

Ein alter Gemütsmensch in Sehnde,
Der lobte das täglich Geschehnde:
    Der Staub auf dem Bört,
    Der da fällt ungestört,
Der sei doch ein Trost für Verstehnde!

NOCH EINER

Ein alter Gemütsmensch in Dießen,
Der freute sich selbst an den Grüßen,
    Die fern ihm die Lieben
    Sehr herzlich geschrieben
Gern hätten, bevor sie's dann ließen.

UND NOCH EINER

Es war ein Gemütsmensch in Leeds,
Sobald er was anfing, mißriets.
    Noch beim dritten Konkurs
    War er fern des Gemurrs.
»Der klappt immer«, so sprach er, »man siehts!«

KURGEFLÜSTER

Es gab einen Greis in Bad Boll,
Der war des Besinnlichen voll.
    Er sagte: »Die Kur
    Ist für Rüstige nur – :
Sch sch sch-sch sch einfach toll!«

DIE RECHTE ANTWORT

Es gab einen Greis in Bad Orb,
Der stürmisch ein Fräulein umworb.
    Ist täglich erschienen
    Mit Sekt und Pralinen.
Sie gab ihm dafür einen Korb.

PROBATE METHODE

Es gab einen Greis in Bad Zwesten,
Berüchtigt bei Bürgern und Gästen.
    Ganz unverhofft
    Sprach er rückwärts oft,
Um den Spirg der Nessoneg zu testen.

SICH REGEN...

Es war ein Geschäftsmann in Boston,
Den sah man nie rasten und rosten.
    Zum Osterschmaus
      Kam er als Santa Claus.
Denn Trödeln, das treibe die Kosten!

...BRINGT SEGEN...

Es gab einen Rentner in Houston,
Den sah man nur niesen und husten.
    Er sagte: »Du siehst,
      Man lebt, wenn man niest.
Im Grabe, da kann ich verpusten.«

AUCH WENN ES VERWEGEN

Du kannst auch als Knacker noch hacken,
Statt traurig zu hocken in Ecken.
    Du knackst eine Bank
      (Der Technik sei Dank)
Selbst in den entferntesten Flecken.

RELATIONEN

Ein Sternwartenwärter in Newton
Vermied es, im Dienst sich zu sputen.
    Die Lichtjahrmillion
    Spräche denen doch Hohn,
Die stets auf der Jagd nach Minuten!

VERGEBLICHE MÜHE

Man denkt sich bisweilen voll List,
Daß man selber das gar nicht mehr ist.
    Bis ein Steuerbescheid
    Unser Ego erneut.
(Wir hätten uns bald auch vermißt.)

ORGANISATION

Ein Herr Kaiser aus Frankfurt a. M.
Ruft ins Leben den Kaiserverein.
    Er beschafft ein Büro,
    Kartotheken und so,
Dann beginnt er, sich selbst zu betreun.

DAS PERFEKTIONIERTE BÖSE

Ein Gauner, ein zynisch-gemeiner,
Verstellte als Tor sich, als reiner.
    Doch tat bei dem Spiel
    Er des Guten zu viel.
Nun ist er der Redlichsten einer.

BELEUCHTUNGSFRAGEN

Sprach unwirsch ein Kunstfreund aus Unkel:
»Was nützt mir der Namen Gefunkel?
    Manch heutiges Highlight
    Verdient doch nur Beileid.
Und Ruhm ist vermehrtes Gemunkel.«

PERSPEKTIVEN

Ein Nobelpreisträger in Trier
Saß im »Goldenen Stiefel« beim Bier.
    Und wie er so schluckt,
    Hats den Ober durchzuckt:
Der ist auch nicht viel anders als wir!

GUT IN FORM

Es gab einen Ringer in Springe,
Der zog stets den Frack an im Ringe.
    Er sagte: »Die Form
    Beflügelt enorm,
Wenn die nackte Gewalt ich bezwinge.«

SCHWIERIGE ENTSCHEIDUNG

Frau Hildegard riet der Frau Käthe,
Was *sie*, wenn sie *sie* wäre, täte.
    Frau Griet riet ihr, *sie*,
    Wär sie *sie*,tät es nie.
Kein Rat ist so schlimm wie zwei Räte!

SEGEN DES UNWISSENS

Es war ein Gemütsmensch, der kauderte
Ein Welsch, daß ein Welscher nur schauderte
    Und, äußerlich mild,
    Ihn im Geiste gekillt.
So gings wohl schon oft, wenn man plauderte.

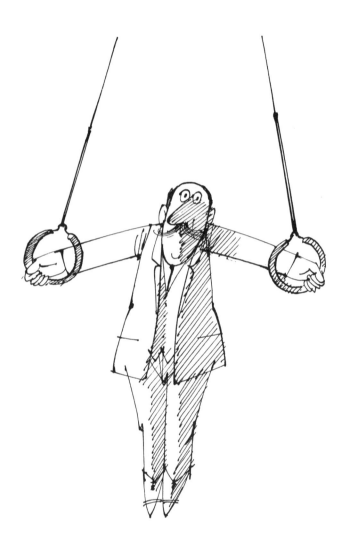

DER UNERMÜDLICHE

Der Turnvater Klamroth aus Bingen
Ließ nie sich aufs Altenteil zwingen.
    Der Felgaufschwung
    Hielte köstlich ihn jung,
Und er hinge so sehr an den Ringen!

UND NOCH EINER

Ein Naturfreund empfahl schon vor vielen
Den Schlaf nach halb neun und im Kühlen.
    Als der Tod ihn traf,
    Lag er mitten im Schlaf.
Der Wackere starb »in den Sielen«.

JEDEM DAS SEINE

Es gab einen Dickkopf in Urft,
Der nie so gewollt wie gedurft.
    »Da bleib ich intern«,
    So sprach er, »bin gern
Ins eigene Unglück gekurvt.«

DER AMATEUR

Ein Buchhalter ging oft zum Catchen,
Erregt von den feurigen Matchen.
    Er pflegte nachher,
      Einen Tag lang und mehr,
Beim Buchen die Zähne zu fletschen.

KOMPLIZIERTE KUNST

Sprach unwirsch der Seeheld Ulysses:
»Nie lern ich die Kunst des Geküsses!
    Am wenigsten wirds,
      Wenn ich Circe bezirz.
Die sagt mir dann immer: *Sie* müsses.«

STELLUNGSKRIEG

Ein Mensch, der stets Stellung genommen,
Hat nie eine Stellung bekommen.
    Sofern du nicht flugs
      Dich duckst ohne Mucks,
Kann dein Eifer nur schaden, nicht frommen.

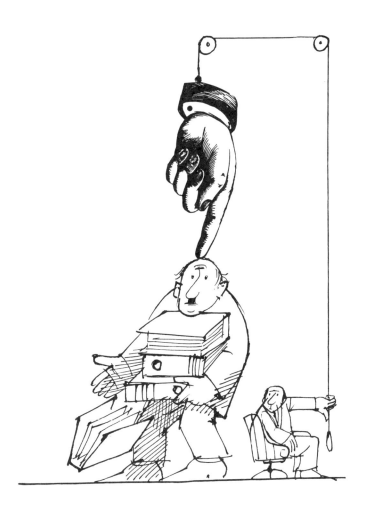

DIE BEIDEN GÄULE

Es gab einen Gaul in Bergzabern,
Bekannt bei den Rennern und Trabern:
    Er ging ganz gefühllos
    Nur auf sein Ziel los,
Hohnlachend den Wenns und den Abern.

Hingegen ein Gaul an der Enns,
Der warf um sich mit Abern und Wenns.
    Er sprach: »Wenn ich aufgelegt,
    Wird ein Zahn draufgelegt.
Aber sonst bin ich satt des Gerenns.

SCHONKOST

Es gab einen Greis in Chicago,
Der lebte von Reisbrei und Sago,
    Bis sanft er verschied.
    Der Wissende sieht:
Ihm fehlte der Arzt von Tobago!
    (Siehe S. 221.)

Schwierige Wahrheit

LAUF DER WELT

Noch keiner hat Ruhm sich erschrieben,
Der nicht sein Prinzip übertrieben.
    Auch der hat ein Amt,
      Der ihn maßlos verdammt.
Der Gerechte ist ruhmlos geblieben.

RAT AN VERTRETER

Vertrittst du den Standpunkt, den deinigen,
So wird das wohl manch einen peinigen.
    Drum tu's nur gewitzt,
      Wenn du so was vertrittst,
Und laß nur sporadisch dich steinigen!

FRAGILES SEIN

Du fragst wohl, was einer denn ist:
Drogist, Anarchist oder Christ?
    Doch trifft deine Frage
      Den Kern höchstens vage,
Weil nur, wenn du nichts bist, du bist.

GEFÄHRLICHER EINSTIEG

Wer tief in der Mystik gebuddelt,
Kommt oftmals nach oben verschmuddelt.
 Nach oben – nur dann,
 Wenn er's hindern kann,
Daß das Seil seiner Klugheit sich knuddelt.

HOCH DIE TIEFE

Ein Denker fand alles von übel,
Was greifbar ganz ohne Gegrübel.
 In dem, was rein dinglich,
 Sei niemals er pinglich.
Doch träumen, das tät er penibel!

SATTELFEST

Ein Denker durchlief den Parcours
Seines Denkens – da staunte man nur.
 Er pflegte vorm Denken
 Die Zäunchen zu senken
Und nahm sie mit wahrer Bravour.

FRAGE

Wer höflich (auch wenn er kein Snob),
Empfindet die Wahrheit als grob.
    Er nimmt Mensch und Affären,
      Als ob sie so wären.
O Welt – wer nimmt dich dann, als ob?

ANTWORT

Du liest ein vergilbtes Gedicht.
Ist wahr, was es sagt, oder nicht?
    Ich glaube, sein Wort
      Gibt Auskunft sofort:
Es machte so schön dein Gesicht.

DIE LÖSUNG

Jahrhunderte stritten ausführlich,
Ob Gutsein sei wahrhaft natürlich.
    Wir meinen voll Mut:
    Der Mensch ist, wenn gut
Erzogen, natürlich manierlich.

SCHWIERIGE WAHRHEIT

Gibt einer dir Nachricht aus Krk,
Fragst gleich du: »Wo liegt der Bezrk?
    Ist Krk nur ein Trg?
    Ist ein Witzbold am Wrk??«
So täuscht uns manch wahrer Vrmrk.

MAN DARF JA MAL FRAGEN

Sprach unwirsch der alte Diogenes:
»Nein, hat die Kultur was Verlogenes!«
    Ein Freund aus der Stadt
    Fragt höflich: »Dann hat
Deine Tonne wohl gar nichts Verbogenes?«

IMMER ADRETT

Wir fühlen uns manchmal sehr fremd
Im kunstreich gebügelten Hemd.
    Indes: die Natur,
    Ist sie wirklich so pur?
Vielleicht nur subtiler gekämmt?

GEWISSE RESERVEN

Nie läßt sich die Wahrheit beblinzen
(Die nackte) von Kunzen und Hinzen.
    Auch lassen die Musen
    Nie plump sich beschmusen
Von Onkeln aus trüben Provinzen.

REIGEN DER GEISTER

Kaum senkt man die Recken in Särge,
Schon tanzen ums Grabmal die Zwerge.
    Denn ist man auch klein –
    Wer nachfolgt, hats fein.
Wer folgt, der verfolgt, ist ein Scherge.

CONTREDANSE

Ja, sind es denn immer nur Zwerge
Beim Tanz um gigantische Särge?
    Vielleicht hat die Zeit
    Ihren Humus gestreut,
Die Gräber verwandelnd in Berge?

HEIMLICHER MEHRWERT

Ein Weltmann verstand es zu schmeicheln,
Die Ruhmsucht der Freunde zu streicheln.
    Er sagte: »Man ist
    Nie so klein, wie man mißt.
Wer lobt, kann im Grunde nie heucheln!«

DIE WELT IST . . .

Ein intransigenter Dentist
Weiß oft selber nicht, daß er das ist.
    Vielleicht, daß auch du
    Nicht immer partout
Der bist, der du glaubst, daß du bist.

. . . VOLLER GEHEIMNISSE

Oft äugen wir sonntags nach Rehen,
Triëderbinokelversehen.
    Ach, nie wird ein Reh
    Den Sinn des Trië-
derbinokels (und unsern) verstehen!

DER DISPUT

Ein Fachmann, Botaniker Bose,
Verstieg sich zu dieser Prognose:
    Daß Quinquelobaten
    Meist besser geraten
Als quadripartite Pilose.

Worauf ein Kollege aus Xanten
Ihn schalt einen Erz-Ignoranten.
    Die Quadripartiten,
    So schrieb er, gerieten
Gleich gut wie prodige Rhinanten.

Gekränkt, warf Botaniker Bose
Sich ganz auf exotische Moose.
    »Wozu das Getöse?
    Kollegen sind böse«,
So sprach er, »und Regeln nur lose.«

KNOW-HOW

Ein Bildungsbeflissner erstand
Eines Lexikons fünfzehnten Band.
    Nun weiß er Bescheid,
      Und es packt uns der Neid,
Wenn er redet von Planck bis Quadrant.

EINTEILUNG IST ALLES

Ein alter Naturfreund in Zerbst
Beherrschte sein Handwerk süperbst:
    Er wirkte notorisch
      Im Frühling rein florisch,
Mehr faunisch dagegen im Herbst.

STUMME POST

Sprach einer recht lobend von Fichte.
Ein andrer verstand was wie Nichte.
    Nun weiß es die Stadt:
      Daß jener was hat
Mit der Nichte. So schreibt man Geschichte.

HAUPTSACHE HELL

Oft kann auch ein kleineres Lichtchen
Den Weg uns entdecken, den richtchen,
    Wo größere Leuchten
    Ins Dunkel uns scheuchten –
Laß nie dich durch Größe beschwichtchen!

AUCH EIN GRUND

Es gab einen Redner in Stade,
Der schüttete stets mit dem Bade
    Gleich mehrere Kinder.
    Begründung: Was minder
Verdreht sei, sei rednerisch fade.

IM SCHRITT LIEGT DAS ZIEL

Es gab einen Forscher in Princeton,
Der lebte von Zukunftsgespinceton.
    Und trat auch nie ein,
    Was er spann so fein,
Hat dies ihn gestört nicht im minceton.

NICHT ZU KOMPLIZIERT!

Ein alter Parteiboß in Kingston
Mißachtete nicht im geringsten
    Ein Kernwort, ganz knapp.
    Zum Beispiel: »Was ab
Ist, ist ab« oder »Pfingsten ist Pfingsten«.

VERFAHRENES VERFAHREN

Es gab einen Greis in Clichy,
Der sagte: »Man sage nie nie!«
    So sprechen wir Hohn
    Schon beim leisesten Ton
Uns selber und wissen nicht wie.

WER DIE WAHL HAT

Ein denkender Mitmensch in Malsch,
Der sagte: »Ob Hegelsch, Pascalsch,
    Ob Goethisch, ob Bennsch –
    Da fragt sich der Mensch:
Was ist nun dran richtig, was falsch?«

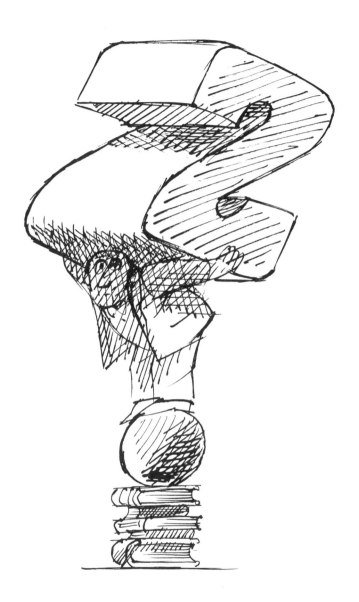

DURCHBLICK

Zum geistigen Klischnigg verstrickt,
Hat keiner Sublimes erblickt.
    Wer Letztes will loten,
      Muß frei sein von Knoten
Und dem, was vertrackt und verzwickt.

IM DSCHUNGEL DER ZEIT

Wir dachten bei manchem: es wird.
Und hatten uns gründlich geirrt.
    Da ward offenbar:
    Wahr ist nur, was war.
Was wird, wird nur mühsam entwirrt.

MEDIENPROBLEME

Sie schrillen, betören und fabeln
Aus Rillen, aus Röhren und Kabeln.
    Nicht, daß das Papier
    Uns verwöhnte dahier
Mit Wahrheiten indiskutabeln.

Kunst bringt Gunst

GELERNT ...

Ein dichtender Landwirt in Aussig,
Der machte nicht viel aus Applaus sich.
    Er sagte: »Nun wohl,
      Ob Rosinen, ob Kohl,
Das stellt doch am Ende heraus sich.«

... IST GELERNT

Ein Tischler, der manchmal auch reimte,
Vom Lorbeer Homers manchmal träumte,
    Der sprach: »Einen Meister
      Erkennt man am Kleister.
Denn halten tut nur das Geleimte.«

GRENZEN DER MUSE

Die schönste Sentenz aus dem »Tell«
Klingt auf Lappisch recht unorginell.
    Auch der Schillersche »Handschuh«
      Klingt seltsam auf Mandschu.
Ja, Dichten bleibt stets provinziell!

AN REZENSENTEN

Ihr dürft nicht mit grimmigen Flünschen
Die heurigen Dichter verwünschen.
    Denn sollten sie panschen
      Den Thomas Mannschen
Firnwein zu billigen Pünschen?

DIE GEHEIMWAFFE

Es gab einen Dichter, Herrn Gleume,
Der sprach ohne Scheu über Bäume.
    Dies rügte mit Recht
      Sein Kollege Bert Brecht,
Denn ein Dichter sei schlecht, der nur träume.

Doch Gleume sang weiter zum Ruhme
Der Bäume, der Blumen, der Krume.
    Er sprach: »Lieber Bert,
      Ists dem Dichter versperrt,
Zu geißeln den Feind – durch die Blume?«

HAUSREZEPTE

»Ich schreibe«, sagt Bill, »für die Masse.
Begreiflich ist, was ich verfasse.
     Stets hab ich vermieden
     Das Wort Przemysliden.
Solch Wort stört empfindlich die Kasse.«

Sagt Fabian: »Da bin ich verschieden.
Das Hohe, nie hab ich's gemieden.
     Selbst wenn auch nicht jeder
     Versteht, was Triëder-
binokel und was Przemysliden.«

DER TEUFELSKREIS

Ein Stümper, ein schreibender Fant ist,
Wer nicht Weihnachten in aller Hand ist
     Und als Autor von Welt
     Mit den Bestsellern bellt.
Denn bekannt wird nur der, der bekannt ist.

IMMER AM BALL

Die Dichter von Kiel bis St. Pölten,
Sie scheun, daß als gestrig sie gölten.
    Denn ruhmlos verloderte
    Der, der noch doderte,
Da man schon die pries, die böllten.

BRUDER IN APOLL

Es gab einen Dichter in Hamburg,
Der meinte, das Reimen sei kindisch.
    Er schrieb ein paar Sätze
    Kurz untereinander
Und sagte: »Das ist ein Gedicht.«

DER FORTGESCHRITTENE

Es gab einen Dichter in Pirmasens,
Der kam auch nicht ganz mit dem Rhythmus zurecht.
    Er sagte: »Nun eben,
    Dies Tam ta-ta tam
Paßt doch so gar nicht in unsere derartig aus den
                  Fugen geratene Welt!«

GEWUSST WIE

Ein Buchrezensent in Elmshorn
Las die Bücher von hinten nach vorn.
    Die heutige Dichtung,
    In richtiger Richtung
Gelesen, sei viel zu verworrn!

ÜBLE METHODE

Ein Sammler ganz seltener Silben
Besingt Majoran und Astilben.
    Was kaum erst keimt,
    Hat er weggereimt
Den Kollegen, die sprachlos vergilben.

SUBLIME KOST

Ein heimlicher Dichter in Caux,
Der schmunzelte, sah man ihn wo.
    Er kostete schon
    Seine Reputation
Im Jahre Dreitausendundzwo.

WAHRE KUNST

Es gab einen Autor in Neustadt,
Der nie seine Leser enttäuscht hat.
    Er schrieb nur Galantes,
      Ganz deftig. Und fand es
Auch manchmal im Bett statt im Heu statt.

HALBE KUNST

Bei seinem Kollegen in Cannstatt
Fand solcherlei nur dann und wann statt.
    Kein Leser verzieh,
      Daß er nur bis zum Knie
In den Tümpeln der Sünde geplanscht hat.

SPEZIFISCHES GEWICHT

»Ein Buch«, sagt ein Lektor, »das auffällt,
Ist eines, das knallt, wenns wo drauffällt.
    Der kundige Blick
      Erkennt gleich, was dick.
Kein Pimpf, der mit Halbem sich aufhält!«

EHRE ...

Herr Bolle, im Lesen erprobt,
Las nur Bücher, die niemals gelobt.
    Denn was man so feire,
      Da sei viel Geseire.
»Det is doch schon morjen vastoobt!«

... WEM EHRE GEBÜHRT

Noch wenn in den Windeln du schreist,
Wirst du heut schon fontanebepreist.
    Natürlich nur, falls sich,
      Was entringt deinem Hals sich,
Als Deutung des Zeitgeists erweist.

DER VOLLKOMMENE LESER

Ein reisender Feingeist erkannte
Der Dichtkunst lokale Konstante:
    Las Theodor Storm
      Nur auf Pellworm
Und nie in Kleinwülknitz den Dante.

BEI ALLER LIEBE ...

Franz Moor auf den Brettern von Zwolle
Sprach immer nur halb seine Rolle:
    Ihm fiele nicht ein,
      Sich zu zeigen gemein,
Nur weil es der Schiller so wolle!

... ZUM GERÄT

Ein stotternder Schauspieladept
Ist im Grunde doch handigecapt.
    Ein »Au-au-auch du,
      Mein Sohn Bru-Bru-Bru?!«
Stört merklich des Dichters Konzept.

KNIRSCHENDER KOTHURN

Hier pflegt man absurdes Gelaber;
Dort schwelgt man in dem, was makaber.
    Depp, Held oder Lump,
      Psychopath oder tumb –
Theater, das duldet kein Aber.

STILL UND STETIG

Ein Dichter (wer wird ihn verdammen?)
Macht nutzbar sein heilig Entflammen:
    Ein Bett, ein Büfett,
    Ein Barockminarett,
So reimt er sein Haus sich zusammen.

WER SAGTS DENN

Ein Schauspielbesucher aus Kamen,
Der sprengte den üblichen Rahmen.
    Gestand er ganz frei:
    »Wozu das Buhei?
Sollnse brav sein, dann gibts keine Dramen!«

NICHT ZU LEUGNEN

Ein Mime vertrat die Maxime,
Zu mimen nichts andres als Mime.
    Zu *mimen* den Hunding,
    Sei schlechthin ein Unding
Für den, der des Sprachsinns sich rühme!

REGELN DER KUNST

Ein Schauspieldirektor war wach
Und gab nichts mehr als Arnold & Bach.
    Dieweil man mit Sartre
    Die Leute nur martre.
Auch Goethe, der sei nicht vom Fach!

EINSAME SPITZE

Ein Star-Inszenator aus Chur
Verwarf, was nicht reinste Natur.
    So ließ er Luisen
    Nebst Ferdinand niesen
Und husten den alten Komtur.

BÜRDE DES WISSENS

Du siehst auf der Bühne den Faust,
Von dämonischen Mächten gezaust,
    Und denkst insgeheim:
    »Der heißt doch Paul Znaim . . .«
Sei still, wenn du manches durchschaust!

WENIGSTENS DAS

Ein Avantgardist am Gran Sasso
Malt kühner als Arp und Picasso.
    Nicht immer zwar stimmt,
     Wenn für Kunst er das nimmt,
Doch immerhin stimmt sein Inkasso.

ES GEHT AUCH ANDERS ...

Ein Bildhauer hatte den Tick:
Er machte die Menschen stets dick.
    Bei den Schönen, Normalen
     Empfand er nur Qualen
Und maß sie mit höhnischem Blick.

... ABER SO GEHTS AUCH

Es war ein Abstrakter in Buchen,
Der lebte von Malkunstversuchen.
    Dies war bloß ein Notberuf,
     Quasi sein Brotberuf:
Nachts buk er Brezeln und Kuchen.

DIE WIRKUNG

Ein Zeichner, Camillo v. Knaus,
Der hatte den Bogen nicht raus.
    Auch Semmeln und Wecken
    Schuf Knaus nur mit Ecken –
Umbrandet von Ruhm und Applaus.

Des Zeichners befreiende Tat
Ward rasch in der Kunst obligat.
    Ja, Zahnpastatuben
    Formt nun man als Kuben
Und Teller, ganz kühn, als Quadrat.

Von Harlingersiel bis Schaffhausen
Preist hell man den Stil von v. Knausen
    Und ißt selbst in Ellern
    Von eckigen Tellern.
Denn runde benutzen Banausen!

TAFELMUSIK

Es war ein Musikfreund in Soest,
Den hat es von klein auf erbost,
    Wenn etwa die Tante
    Beim schönsten Andante
Vivaldis zerkaute den Toast . . .

DIE BEIDEN TROMPETER

Es war ein Trompeter in Worcester,
Rein körperlich gar kein roborcester,
    Doch einwandfrei Bester
    Im Worcester Orchester
Und allen Trompetern ein Morcester.

Ein andrer dagegen in Leicester,
Der war ein ergrautes Semeicester.
    Und weil auch kein Muster
    Wie jener in Worcester,
So blies er je falscher je feicester.

KUNST HEISST AUSLASSEN

Es war ein Tenor in Scharbeutz,
Der haßte im Saal das Geschneuz.
    So sang er denn weise
    Nie die Winterreise.
Er sagte: »Wer Sturm sät, bereuts.«

AD ASTRA

Du hörst voller Neid den Caruso.
Sei sicher: der sang nicht im Nu so.
    Lern erstmal das Trällern
    Beim Spülen von Tellern
(Wie's er tat). Dann singst auch einst du so.

IM LABOR DER KÜNSTE

Manch -ismus erleidet im Prisma
Der Zeit eine Brechung, ein Schisma.
    Kaum, daß man erfuhr,
    Was ein Kub-, ein Futur-,
Steht ein neuer schon da: »Nu vergißma!«

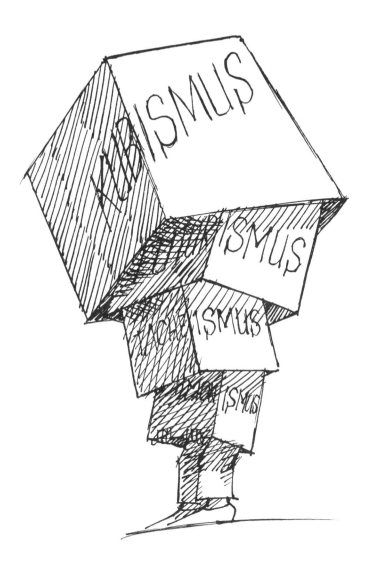

LEICHTER PROTEST

Sie mäkeln, sie höhnen, sie hecheln,
Sie schrecken von Murnau bis Mecheln.
    Denn ohne Beschwer
    Gibts die Schöpfung ja her.
Nur dies macht uns Arbeit: ein Lächeln.

DIFFICILIA QUAE PULCHRA

Wer bastelt und schmirgelt und hobelt,
Des Werk wird am Ende genobelt.
    Denn hat nicht auch einst
    (Viel mehr, als du meinst)
Gottvater beim Schöpfen geknobelt?

IM REISSWOLF DER ZEIT

So viel ist verramscht und vergriffen,
Woran wir mit Liebe geschliffen.
    Doch wer sich vergreift
    An dem, was da reift
Im stillen, hat oft sich vergriffen.

Am Zahn der Zeit

WEHRET DEN ANFÄNGEN!

Es gab einen Amtmann in Waging,
Dem alles, was neu war, ganz nah ging.
    So nah, daß Herr Pünder,
    Der Gaslichtanzünder,
Durch Waging, nur wenn er's nicht sah, ging.

DAS ALTE STÜRZT ...

Wer mag noch in Tölz oder Zunzingen
Das Liedlein vom Mühlrad im Grund singen?
    Nein, nur von Hawaii
    Und den Nächten im Maii,
Da wollen den Mund sie sich wund singen!

... ES ÄNDERT SICH DIE ZEIT

Es gab einen Händler in Keulos,
Der meinte, die Menschheit sei treulos.
    Auf Häubchen mit Spitzen,
    Da bleibe man sitzen.
Man werde nur das noch, was neu, los.

SCHNELLER GEHTS NICHT

Im Zuge des Wochenendtrips
Rast einer zum Rhein aus der Zips;
    Hat in Iversheim/Erft
    Noch das Tempo verschärft
Und schlief schon am Sonntag in Gips.

MODERNE BANAUSEN

Beim Anblick von blinkenden Ritzeln
Wagt höchstens ein Rohling zu witzeln.
    Ein Mensch, der noch fühlt,
    Fühlt sich innigst durchwühlt
Von des Zeitgeists unglaublichen Kitzeln.

TERMINPROBLEME

Du kannst doch das Lenken von Kraftwagen
Nur sinnend auf längere Haft wagen!
    Drum soll eben der,
    Der schon neunzig und mehr,
Das nur, wenn er's zeitlich noch schafft, wagen.

FALLS NOCH VORHANDEN

Ach, daß ich doch kaum noch den Tegernsee
Vor lauter Benzinqualmerregern seh!
    Am besten, man flieht die
    Und zieht nach Tahiti
An einen touristisch integern See.

SCHNELLER ERSATZ

Du sagst, daß dich gar nichts verblüffe,
Und zitterst schon morgen beim Tüve.
    Das macht: weil man heut
    Keine Hölle mehr scheut,
Da sorgt nun die Technik für Knüffe.

BLINDER HASS

Ein Feind alles Neuen berichtet,
Welch Werte die Technik vernichtet.
    So schreibt er, daß Plauto,
    Wofern er schon auto-
gefahren, nie hätte gedichtet!

BESCHEIDENER KOMFORT

Wer mag noch in heutigen Tagen
Ein Plätzlein im Jenseits erjagen?
    Man ist heilfroh,
      Falls irgendwo
Sich findet ein Platz für den Wagen!

BEIM LINDENWIRT

Man sitzt vorm gemischten Salate,
Im Radio die Mondscheinsonate.
    Die Meldung vom Stau
      Bei Groß Biberau
Kommt taktvoll noch vor der Fermate.

NICHTS FÜR UNGUT

Gern sieht man die Twens von Salzuflen
Sich wiegen bei Riverboat Shufflen.
    Und wenn ihr nun raunzt,
      Das sei fuhlisch pronaunzt –
Nehmts nicht ihwil, ihr Twens von Salzuflen!

ERLESENE FREUDEN

Ein Mensch kennt von Assam bis Zesen
Die Welt. Notabene: durch Lesen.
    Ins Sofa geschmiegt,
      Denkt er kühl und vergnügt:
Wer nicht lesen will, muß eben pesen!

WAS BLEIBT

Du bist durch Palermo gehetzt,
Und die Kamera fehlte grad jetzt.
    Wohin es dich treibt –
      Palermo bleibt
In den Film deines Ärgers geätzt.

GLÜCK ALLEIN

War einer in Ursulapoppenricht,
Der ließ von dem Fernweh sich foppen nicht.
    Wo gäbs ein Atoll,
      Das nicht immer schon voll
Von Bekannten aus Ursulapoppenricht?

REISENEUROSE

Herr Lehmann fährt heuer zum Isthmus.
Er sagt, daß das jeder Tourist muß.
    O Freunde, so gehts!
    Man glaubt, daß man stets
Noch mehren den modischen Mist muß.

DIE ZUKUNFT HAT SCHON BEGONNEN

Ein Raumforscher flog durch die Sterne,
Dem Sternbild Orion nicht ferne.
    Sein technischer Maat
    Saß am Bildapparat
Und verfolgte das Endspiel in Herne.

DAS LETZTE MITTEL

Die Menschheit war früher so keß,
Daß sie nicht einmal litt unterm Streß.
    Hat auch gar nicht gewußt,
    Ob sie litt unterm Frust.
Da half ein Expertenkongreß.

KONZENTRATION IST ALLES

Es gab einen Skatfreund in Sassen,
Der saß vor dem Bildschirm gelassen.
    Ob Bruckner, ob Strindberg,
    Graf Luckner, Charles Lindbergh –
Er reizte sein Pik mit vier Assen.

WAHRER JUNGBRUNNEN

Und schwinden auch trügrisch die Jahre –
Das Fernsehn erhält dir die Haare.
    Nie geht da kaputt
    Des Altmeisters Dutt.
Ja, Fernsehn ist wirklich das Wahre!

ÄRM VÄTER

Wer wollte denn ernstlich noch tauschen
Mit Rittern, mit Hartmann-von-Au'schen?
    Die konnten im Fernsehn
    Nie »Burgen um Bern« sehn,
Nie beim Bier dem Thomanerchor lauschen.

GUTER GRUND

Man zeigt in den Blättern entblättert
Die Damen, obs schneit oder wettert.
    Was nörgelt ihr bloß?
    Denn anstandslos
Ist der Umsatz der Blätter geklettert.

NACKTE BERECHNUNG

Man sagt, man bekämpft nur die Mucker,
Befreit die verkümmerten Schlucker.
    Doch merken wir leicht,
    Wo's hinzielt: man reicht
Dem Affen tief in uns den Zucker.

KOMMUNIKATION

Die Presse vermeldet uns Fälle
Von Roheit in rühmlicher Schnelle.
    Wenn hungert ein Schoßhund,
    Erhebt in Davos und
Templin sich ein wüstes Gebelle!

MAN TUT...

Ein Werbeberater aus Münder
Gefiel sich als Wahrheitsverkünder.
    Das etwa bewies
      Ein Mahnwort wie dies:
»Lebe nie – dann lebst du gesünder!«

... WAS MAN KANN

Ein Werbeberater aus Schlüchtern
Erschien bei den Kunden nie nüchtern.
    Zur Rede gestellt,
      Führte dies er ins Feld:
Er beschönige nüchtern zu schüchtern!

SUPERCOMICS

Wir lassen die Märchen uns schildern
Von Zeichnern, je mehr wir verwildern.
    Ja, selbst die Spruchbändchen,
      Des Geistes Bruchbändchen,
Füllt aus ein Gewitzter mit – Bildern!

ÄRM ENKEL

Kein Scherz, den du machst in der Bütt,
Geht auf Erden in Zukunft verschütt:
    Den dümmsten Sermon bannt
    Die Technik aufs Tonband
Und teilt ihn den Enkeln noch mit.

SELBER SCHULD

Zu schildern, wenn einer mal brunzt,
Gilt heute gemeinhin als Kunzt.
    Bewahrt man mit Mühe
    Den Rest von Tenue –
Schon hat man sein Dichtwerk verhunzt!

MUSEALE BETRACHTUNG

Ein Mainzer geriet ganz in Rage
Vor einer modernen Collage.
    »Komm, gehmer nach Haus!«
    Rief der Biedermann aus,
»Isch glawwe, die wolln uns ver . . . !«

VERSCHWIEGENES GLÜCK

Ein Zeitungsreporter aus Mailand
Beschrieb einst ein glückliches Eiland.
    Das war, wie man sieht,
      Auch das Ende vom Lied:
Beschriebene Glücke sind weiland.

SCHÖNE EINTRACHT

Der stählt sich an strammen Expandern;
Den treibt es, in Klammen zu wandern.
    Noch andre belieben,
      Nur Denksport zu üben.
Doch jeder nennt närrisch den andern.

IMMER FAIR

Dort gilt nicht Verbeugung und Vortritt,
Wo Bälle man hascht und ins Tor tritt.
    Da fühlt sich denn
      Als ein Gentleman,
Wer dem Gegner nicht grade aufs Ohr tritt.

HEGENDE JAGD

Sofern es durch Weisheit erfreute,
Bleibt Gestern auch morgen noch Heute.
    So liest man vom Gestern
    Seit tausend Semestern,
Das Heute gewinnend als Beute.

GROSSE SPRÜNGE

»Die saren uns imma«, sagt Emma,
»Wird mor'n allet bessa. Det kemma.
    Oochn Semmelkloß
    Wird sachte jroß,
Sons platzta. Det is det Dilemma.«

IMMER DIESELBE GESCHICHTE

»Wat die int Jeschichtsbuch nu schreim«,
Sagt Emil, »da fint ick keen Reim.
    Mir stört doch in etwa,
    Det det janich det wa.
Nu, nacha, da sarenses eim!«

Zum guten Ende

DIE BILANZ

Wer Gutes zum besten gegeben,
Gabs oft an die Schlechtesten eben.
    Sei darum nicht minder
    Des Heitren Verkünder!
Per saldo gehts nie ganz daneben.

WEIN DES LEBENS

Die Tropfen besonderer Art
Sind tief in den Kellern verwahrt.
    Man braucht einen Schlüssel,
    Der bärtig ein bissel.
O Mensch, sei ein passender Bart!

AUF NACH NINIVE!

Wenn still sich der Weise vermummt,
Ist klar, daß manch andrer verdummt.
    Wer gut ist zum Predigen,
    Der solls auch erledigen,
Bevor er im Walfisch verstummt.

AUFSTIEG

Vorzeiten, an Würm, Günz und Mindel,
Da gabs kein verlognes Gesindel,
    Als ohne Betrug
    Man den Nachbarn erschlug.
Wie freundlich ist da schon der Schwindel!

ABSTIEG

Die trefflichsten Dichter und Täter,
Die waren stets früher, nie später.
    Warum nur die Vorigen
    Sind die Honorigen,
Merken auch wir einst: als Väter.

BESCHEIDUNG

Stimmt öfter das Leben dich bänglich,
So sag dir: s'ist halt unumgänglich.
    Ob Eiszeit, ob Kreidezeit,
    Alles war Leidezeit.
Leben heißt immer gefänglich.

EIN GUTER ABGANG...

Drei Stunden am Vorwort noch kleben
Begeistert die Leser nicht eben.
    Ein zeitiger Schlußpunkt
    Ist immer ein Pluspunkt
Beim Schreiben. (Und oft auch im Leben.)

...ZIERT DIE ÜBUNG

Das Leben sei schön, sagt Herr Menge,
Vorausgesetzt, daß man es dränge.
    Sonst nämlich sei,
    Wie nebenbei
Bei Proust (sagt Menge), manch Länge.

ET RESPICE FINEM

Ein Werkmann hats gern, wenn er bosselt.
Gern hats ein Börsianer, wenns hausselt.
    Tu du, was du gern
    Noch anschaust von fern,
Wenn man einst das Getriebe dir drosselt!

VOM SCHLAF DER WELT

Wie vieles im Dasein wird nichtig,
Weil einer geschlafen zu tüchtig!
    Wie vieles geschah,
      Weil grad keiner da – :
Im Dasein ist Dasein so wichtig.

ZWISCHEN DEN WELTEN

Es gab einen Herrn in Stralsund,
Der stand mit den Engeln im Bund.
    Und rief man zum Gruß:
    »Mensch, Egon, bist du's?«,
Verzog er wie spöttisch den Mund.

DIE GRENZEN

Bisweilen, da denkt man ganz plötzlich:
Am Ende ist alles ersetzlich.
    Ersetzlich auch dies:
    Die Rue St. Sulpice,
Wenn es hell wird? Das denkt man? Entsetzlich.

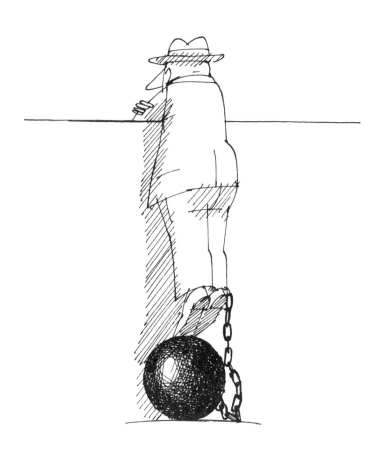

NICHTS ZU MACHEN

Wer vorgibt, er stünde darüber,
Ist höchstens ein Zaungast, ein trüber.
    Du stehst immerhin
    Als Mensch immer drin,
Und wärs dir woanders auch lieber.

GEREIMTES

Der passendste Reim auf das Leben
Ist der: Es hat sich ergeben.
    Was reimt auf den Mann?
    Fang damit was an!
Sonst bleibst du verwandt den Amöben.

UNGEREIMTES

Ach, erst wenn dein Äußres wird hinfällig,
Ist drinnen der schönste Gewinn fällig.
    Dann hast du das Heil
    Und bist heil nur zum Teil.
Das ist so. Und ists auch nicht sinnfällig.

ENTSCHEIDENDE PUNKTE

O gib deiner sittlichen Führung
Den Ernst einer Kleintierprämierung!
    Einst wird offenbar
    Am hintersten Haar
Deiner Seele die feinste Schattierung!

STILLER BESTAND

Du findest ein Buch auf dem Bord.
Gleich vorn steht ein Elch überm Fjord.
    Du hattest vergessen
    Den Elch unterdessen.
So steht wohl noch manches am Ort.

UND KLUG WIE DIE SCHLANGEN

Wer beinah nah bei den Engeln
Wie wir, der lasse das Quengeln.
    Du kannst ohne weitres,
    Dich haltend an Heitres,
Manch irdische Mängel umschlängeln.

GANG DER DINGE

Wir wollten ein Glück wiederholen;
Doch hatte das Glück sich empfohlen.
    Es ging mit der Zeit,
      Die die Seligkeit
Uns gab und uns wegnahm verstohlen.

VORSCHLAG ZUR GÜTE

Du hast ein Versprechen gebrochen.
Du hattest dich einst nur versprochen.
    Nun, macht ein Versprecher
      Schon gleich zum Verbrecher?
Doch wir, was sind wir, die drauf pochen?

VORBEI

Oft siehst du auf Tanzsaalemporen
Ein Antlitz – und hast es verloren ...
    Auf dem Nachbargeleis
      Fährt ein Lächeln nach Neuß ...
Wieviel Kinder sind so nie geboren!

LEICHTES GEPÄCK

Es gab einen Greis an der Raab,
Der fröhlich war, weil es ihn gab.
    Und daß es ihn eben,
      So sagt er, gegeben,
Das nähm er noch mit in sein Grab.

SCHWERES GELÄNDE

Wer mühsam durchs Leben gehoppelt
Und heil blieb, der freut sich dann doppelt.
    Nur Pläne sind plan.
    Die wirkliche Bahn
Ist aus Löchern zusammengestoppelt.

ECHT ÜBERFRAGT

So klug ist in manchem ein Bauer
Wie Sokrates, Kant, Schopenhauer.
    Beim letzten Gericht,
    Ob wir dann . . . oder nicht?
Das wußten die auch nicht genauer.

IN DEN STÜRMEN DER ZEIT

Wir haben geliebt und geschrieben.
Ist alles wie Flugsand vertrieben?
    So lerne schon früh
    Das »à fonds perdu«.
Vielleicht ist ein Körnchen geblieben.

DIE TODSÜNDE

Man bittet den Pfarrer von Haltern,
Da firm in Episteln und Psaltern,
    Er möchte verkünden
    Die schwerste der Sünden.
Sagt jener: »Die schwerste? Das Altern.«

SOUVENIR

Du brachtest aus Hongkong zurück
Ein Herz mit dem Zeichen für »Glück«.
    Nun liegt in der Lade
    Das Herzlein aus Jade,
Von mancherlei Wünschen ein Stück.

STETER TROPFEN

Da hat wer, stets wenn ich verzweifelt,
Ein Tröpfchen des Trostes geträufelt.
    Das hat sich bisher
    Zum stattlichen Meer
Mit heiteren Dampfern gehäufelt.

DAS LEBEN IST KURZ ...

Notierst du dein letztes Kap.,
Nimmt bald dich der Tod beim Schlaw.
    Dann stehst du vorm HErrn,
    Und du tilgtest gern
Im Buch deines Lebens 2/3.

... DER TAG IST LANG

Das Leben: ein bessres Verhängnis,
Gefängnis, Bedrängnis, Vergängnis?
    So nutze die Zeit!
    Sei stündlich bereit
Für des ewigen Geistes Empfängnis!

UFERPROMENADE

Sie sitzen auf hölzernen Bänken,
Im Flusse die Lichter der Schenken.
    Und gar nicht so nah
    Sitzt ein Andrer noch da,
Sich wundernd, was jene so denken.

FREUNDLICHER MORGEN

Dein Zug war in München um acht,
Und alles war leuchtende Pracht.
    Du fühltest zutiefst,
    Daß bis heute du schliefst.
Ob so wohl die Welt einst erwacht?

SPÄTER PARK

Am Fährsteg wars dunkel und leer.
Ein Glühwurm von irgendwoher.
    Sekunden des Lichts.
    Und doch mehr als ein Nichts.
Welch Rätsel bedeutet dies »mehr«!

ZU VIEL VERLANGT

Du solltest im Zorne nicht schelten
Die beste der möglichen Welten.
    Unmöglich kann täglich
    Geschehn, was unsäglich,
Da schon das Normale so selten.

STILLES ERINNERN

Hast einmal vor Freude gezittert
Beim Bankl, das lang schon verwittert.
    Nun zittert der Brief,
    Der dorthin dich rief,
In der Hand, unmerklich zerknittert.

SUMME DES LEBENS

Nun wägst du dein Leben, mein Freund,
Die Stunden verlacht und verweint.
    Da war doch ein Tag,
    Ein Finkenschlag
Vorm Aufstehn – war der nur gemeint?

ABGESANG

Oft wünsch ich, bei struppigen Hummern
Am Grunde des Meeres zu schlummern,
    Wie Fischlein, in Muscheln
    Hinein mich zu kuscheln –
Sie fänden als Gast keinen stummern.

Zur Geschichte des Limericks

Wenige Themen der Literaturwissenschaft sind so reizvoll wie dieses. In der englisch sprechenden Welt wird der Limerick die Folklore des Intellektuellen genannt. Durch seine Form mit den dreizehn Hebungen und dem dreifachen Reim ist er eins der konzisesten und schwierigsten Gebilde der Poesie. Reizvoll ist er schließlich durch seine dunkle Herkunft.

Erst im Lauf einer längeren Zeit hat sich die strenge Form des Limericks herauskristallisiert. Sie wurde zunächst gesungen, was gelegentliche Variationen des Metrums erklärt.

Anklänge an diesen gesungenen Limerick (wenn es erlaubt ist, seine Vorform ebenso zu benennen) sind von Gershon Legman in dem ältesten Volkslied Englands, »Sumer is i-cumen in« (um 1300) gefunden worden.[1] Robert Swann und Frank Sidgwick entdeckten in einem Manuskript des Britischen Museums einen weiteren ›Limerick‹ aus dem 14. Jahrhundert. Nach 1536, als Heinrich VIII. die Armenhäuser hatte schließen lassen, nahmen wandernde, oft geisteskranke Bettler die Strophenform auf, bei der, wie bisher, der erste Vers noch nicht den Reim angibt. Als bedeutendstes Beispiel mit durchgehenden ›Limerick‹-Strophen nennt Legman das Lied »Mad Tom« oder »Tom o' Bedlam«. Ist es ein Zufall, daß Edgar im ›König Lear‹, als »armer Tom« verkleidet und den Wahnsinnigen spielend, einen Zauberbann in limerick-ähnlicher Form vorträgt? (3. Akt, 4. Szene.)

Noch weitere Beispiele finden sich bei Shakespeare. Im ›Sturm‹ singt der betrunkene Kellner Stephano ein Lied mit limerick-ähnlichem Schluß (2. Akt, 2. Szene). Ophelia, in Wahnsinn gefallen, singt:

> And will he not come again?
> And will he not come again?
>   No, no, he is dead:
>   Go to thy death-bed:
> He never will come again.

> His beard was as white as snow,
> All flaxen was his poll:
>   He is gone, he is gone,
>   And we cast away moan:
> God ha' mercy on his soul!

(›Hamlet‹, 4. Akt, 5. Szene.) In der Übersetzung durch August Wilhelm Schlegel:

> Und kommt er nicht mehr zurück?
> Und kommt er nicht mehr zurück?
>   Er ist tot, o weh!
>   In dein Todesbett geh,
> Er kommt ja nimmer zurück.
>
> Sein Bart war so weiß wie Schnee,
> Sein Haupt dem Flachse gleich:
>   Er ist hin, er ist hin,
>   Und kein Leid bringt Gewinn;
> Gott helf' ihm ins Himmelreich!

Im ›Othello‹ schließlich stimmt Jago ein Trinklied an:

> And let me the canakin clink, clink;
> And let me the canakin clink;
>   The soldier's a man;
>   A life's but a span;
> Why, then, let a soldier drink.

(2. Akt, 3. Szene.) In der Verdeutschung durch Ludwig Tieck:

> Stoßt an mit dem Gläselein, klingt! klingt!
> Stoßt an mit dem Gläselein, klingt!
>   Der Soldat ist ein Mann,
>   Das Leben ein Spann',
> Drum lustig, Soldaten, und trinkt.

Zauber, Wahnsinn, Rausch: sie scheinen den englischen Limerick in seinem Anfangsstadium beherrscht zu haben. Eine Urheimat in vergessenem magischem Bereich wäre möglich, vielleicht mit dem Tanz verbunden?

Schon 1640 dann erscheint gedruckt eine Strophe, die nicht nur das Metrum und Reimschema des Limericks hat, sondern auch einen lustig klingenden Eigennamen am Ende des ersten Verses. Die Strophe gehört zu dem Gedicht »Mondayes Work« und steht in den »Roxburghe Ballads«:

> Good morrow, neighbour Gamble,
> Come let you and I goe ramble:
> Last night I was shot
> Through the braines with a pot
> And now my stomach doth wamble ...

Auf Deutsch etwa:

> Gut'n Morgen, Nachbar Tummel,
> Wie wärs: zu zweit ein Bummel?
> Den Schädel zerschlug
> Gestern Nacht mir der Krug –
> Im Bauch ein wüstes Gegrummel ...

Das erste Buch mit Limericks erschien 1821 in London, von John Harris unter dem Titel ›The History of Sixteen Wonderful Women‹ herausgegeben. Im nächsten Jahr veröffentlichte, ebenfalls in London, John Marshall eine Fortsetzung, ›Anecdotes and Adventures of Fifteen Gentlemen‹, deren Autor und Zeichner nur vermutet werden können. Und in diesem Buch fand sich jene Strophe, die dem Limerick zum Durchbruch verholfen hat:

> There was a sick man of Tobago,
> Who liv'd long on rice-gruel and sago;
> But at last, to his bliss,
> The physician said this –
> »To a roast leg of mutton you may go.«

»Es gab einen kranken Mann auf Tobago, Der lebte lange von Reisbrei und Sago; Doch schließlich, zu seinem Glück, sagte der Arzt: ›Zur gebratnen Hammelkeule mit Euch!‹«

Dieses Gedicht elektrisierte einen jungen Tiermaler namens Edward Lear, der vom Lord Stanley, späterem 13. Earl of Derby, beauftragt war, seine Menagerie bei Liverpool im Bilde festzuhalten. Neben anderen schnurrigen Versen für die Kinder des Lords schrieb und illustrierte Lear nun 73 Strophen nach dem Muster des kranken Mannes auf Tobago. Sie wurden 1846 unter dem Titel ›A Book of Nonsense‹ gedruckt, mitsamt den Zeichnungen des Verfassers, der sich unter dem Pseudonym *Derry down Derry* versteckte.

In der dritten Auflage von 1861, die unter Lears richtigem Namen erschien, wurden 43 neue Limericks aufgenommen. Erst jetzt stellte der Erfolg sich ein: 19 Auflagen konnte der Maler-Dichter noch erleben. 1872 kamen weitere hundert neue Strophen hinzu, so daß Edward Lear insgesamt 216 Stück hinterlassen hat.[2]

Die große Zahl mag dazu beigetragen haben, daß man ihn als den Vater des Limericks angesprochen hat. Dabei hat Lear dieses Genre weder geschaffen, noch dessen Regeln konsequent befolgt: Fast immer wiederholt er im fünften Vers das Reimwort, was mit Recht getadelt worden ist als eine Zerstörung des Überraschungseffekts, den der Schlußvers sowohl inhaltlich wie artistisch bieten soll. Man hat diese monoton wirkende Wiederholung im fünften Vers mit dem introvertierten Naturell des Autors erklärt, der, als zwanzigstes Kind aus einer zerbrochenen Ehe, von etlichen Krankheiten geplagt und unter seinem Äußeren leidend, in der Tat nur mit größtem Mut seine Lebensaufgabe gemeistert hat.

Edward Lears versponnene Wesensart kommt in folgenden Nonsens-Versen recht gut zum Ausdruck; sie gehören zu den meistzitierten:

> There was an Old Man with a beard,
> Who said, »It is just as I feared! –
>   Two owls and a hen,
>   Four larks and a wren,
> Have all built their nests in my beard!«

> Ein Greis mit gewaltigem Bart,
> Der sagte: »Mir bleibt nichts erspart! –
> Zwei Eulen, vier Täubchen,
> Ein Zaunkönigweibchen,
> Die bauten sich Nester im Bart!«³

Von der Melancholie des liebenswerten Sonderlings zeugt dieses Gedicht:

> There was an Old Man of Cape Horn,
> Who wished he had never be born;
> So he sat on a chair,
> Till he died of despair,
> That dolorous Man of Cape Horn.

> Es gab einen Greis auf Kap Hoorn,
> Der wünschte, er wär nie geboren.
> Saß im Lehnstuhl müd,
> Bis vor Gram er verschied,
> Der traurige Greis auf Kap Hoorn.

Auch gibt es bei Lear gelegentlich einen Zug zum Grausam-Makabren, wie man ihn jenseits des Kanals in der heiteren Dichtung schätzt.

Im Dezember 1845, also kurz bevor Edward Lears ›Book of Nonsense‹ erschien, hatte der ›Punch‹ sechs Limericks abgedruckt. In den einleitenden Sätzen hieß es: »Kürzlich hörten wir, daß unsere alten Freunde, der Mann auf Tobago, der Seemann von Bister etc. etc. aus dem höchst ehrenwerten Schulzimmer verbannt worden sind.« Und für jene Leser, die diese »Freunde ihrer Jugend« vergessen hatten, wurden sie wiederbelebt.

1863, zwei Jahre, nachdem Lears dritte Auflage herausgekommen war und nun ein nachhaltiges Echo gefunden hatte, kündigte der ›Punch‹ eine Serie von Limericks an, die fortgesetzt werden sollte, bis der letzte Ortsname Englands verewigt wäre.

Wenn wir von Limericks sprechen, so ist das noch immer verfrüht. Der ›Punch‹ nannte die Strophen »Nursery Rhymes«, Kindergarten-Verse. Erst im März 1902, als die Zeitschrift eine weitere Serie begann, war von »Literary Limericks« die Rede. Damals begann der ›Punch‹ übrigens, den ›Limerick mit koordinierter Orthographie‹ zu pflegen *(Princeton – Gespinceton, Kap. – Schlaw.*, um zwei deutsche Beispiele zu bringen).

Nachweislich ist der Name des irischen Städtchens nicht vor 1898 auf unsere Gedichtform übertragen worden. Ob der Limerick überhaupt, und wenn, auf welche Weise er mit dem Ort verbunden ist, diese Frage hat die forschende Liebhabergemeinde in zwei Lager gespalten.

Für den Ort soll ein Refrain sprechen, der zwischen einem Rundgesang von Limericks gesungen worden wäre und der so endet:

> Won't you come up, come all the way up,
> Come all the way up to Limerick?

> Wollt ihr nicht kommen, den ganzen Weg kommen,
> Den ganzen Weg kommen nach Limerick?

Leider hat dieser Refrain nichts von der Limerick-Form, zudem kennt niemand die Lieder, die zwischen dem Refrain gesungen worden sind.

Langford Reed, ein prominenter Verfechter der ortsbezogenen Theorie, sucht die Wurzeln der Strophenform in Frankreich und kann einen französischen ›Limerick‹ nachweisen, der 1715 gedruckt worden ist:

> On s'étonne ici que Caliste
> Ait pris l'habit de Moliniste
>   Puisque cette jeune beauté
>   Ote à chacun sa liberté
> N'est ce pas une Janseniste?[4]

Diese Spottverse führen uns in die Zeit des Kampfes zwischen den Molinisten (nach dem Jesuiten Luis Molina) und den Jansenisten (nach Cornelius Jansen) mit ihrer verschiedenen Gnadenlehre. Die letzteren, die sich auf Augustinus beriefen, erlagen in dem Streit und galten fortan als Irrgläubige.

In dem zitierten Gedicht geht es um einen Maskenball, für den die Dame Caliste sich als Jesuit verkleidet hatte. Auf Deutsch etwa:

> Was allen verwunderlich ist:
> Caliste spielt hier Molinist,
> > Da doch jeden die Schöne
> > Mit Freiheit verwöhne.
> Ob gar Jansenistin sie ist?

Langford Reed nun meint, daß mit jener irischen Brigade, die seit 1691 fast hundert Jahre lang dem französischen Heer zugeordnet war, solche französischen Strophen in die Kasernen Irlands, nach Limerick, heimgebracht worden wären.

Morris Bishop, ein anderer Fürsprecher der Stadt Limerick, verweist auf Kathleen Hoaglands Anthologie ›1000 Years of Irish Poetry‹, in welcher er einige vollkommene (»some perfect«) Limericks gefunden habe, darunter den eines Schankwirts aus Limerick, John O'Tuomy (1706-1777):

> I sell the best brandy and sherry
> To make good customers merry;
> > But at times their finances
> > Run short, as it chances,
> And then I feel very sad, very.[5]

> Mein Branntwein, mein Sherry: vorzüglich!
> Sie stimmen die Gäste vergnüglich.
> > Nur wenn sie von wegen
> > Des Kleingelds verlegen,
> Dann fügt mir das Kummer zu, füglich.

Hier liegt freilich ein Trugschluß vor. Denn Kathleen Hoagland hatte die irischen Texte in englische Limerick-Form gegossen. Betrachten wir den irischen Wortlaut, ergibt sich ein anderes Bild:

> As duine mé dhíolas liún lá
> 'S chuirios mo bhuidhin chum ran-gáis
> Muna m-beidheadh a mhain duine
> Am chuideachta dhíolfadh
> Is mise bheidheadh síos leis an am-tráith.[6]

Auch wer – wie der Verfasser – des Irischen nicht mächtig ist, wird erkennen, daß allenfalls die Verse 2 und 5 reimen. Inwieweit man im Gesang die Verse 3 und 4 auf zwei Hebungen zusammendrängen kann, müßten Fachleute entscheiden. Zumindest scheint uns diese Strophe vom perfekten Limerick noch ziemlich entfernt zu sein.

Immerhin wurde dieser mit Irland verknüpft durch Edward Lysaght, einen Rechtsanwalt am Munster Circuit, der in seinen ›Poems‹ von 1811 einige Limericks zum Lobe seiner Heimat eingeschlossen hat, nebst einer Reihe von Limericks in irischer Sprache.[7]

Einen empfindlichen Schlag versetzte der Jesuitenpater Matthew Russel der Limerick-aus-Limerick-Theorie. Im ›Irish Monthly‹ vom Februar 1898 schrieb er nämlich, er habe für jene Strophe, die im ›Book of Nonsense‹ geschaffen worden sei, den Namen »learic« erfunden, nach dem Verfasser.[8] Somit war damals die Bezeichnung Limerick nicht geläufig, und es könnte sein, daß sie durch eine Verschmelzung des Kunstwortes *learic* mit der irischen Stadt entstanden ist.

Wie dem auch sei, der Limerick wurde zum festen Begriff für die Nonsens-, zugleich für eine pornographische Dichtung von unglaublicher Drastik. In England unterscheidet man Limericks für weibliche Ohren, für geistliche Ohren und – Limericks. Selbst namhafte Dichter haben sich nicht gescheut, Proben dieser unziemlichen Kunst zu liefern.

Aber auch unabhängig von Nonsens und Pornographie hat die Limerick-Form weiter existiert, bisweilen vielleicht unerkannt. Wir denken an zwei Schlager, die zu Anfang unseres Jahrhunderts populär waren und noch heute auf nostalgischen Programmen stehen: »My Wild Irish Rose«, zwischen 1900 und 1920 geschrieben, und das eingängige »Alice Blue Gown« von 1919. Ob das »Irish« im ersten Lied ein Zufall ist, bliebe zu fragen; kein Zufall ist es, daß es sich bei beiden Liedern um Walzer handelt. Denn der Dreivierteltakt entspricht dem Versmaß des Limericks, das von den Engländern anapästisch genannt wird; wir könnten ebensogut daktylisch sagen. Auf jeden Fall folgen auf eine betonte Silbe zwei unbetonte, wie im Walzer auf den betonten Taktteil zwei kurze Noten.

Das erste Lied stammt von Chauncey Olcott. Sein Refrain lautet:

> My wild Irish Rose,
> The sweetest flow'r that grows,
> You may search ev'rywhere
> but none can compare
> With my wild Irish Rose.
>
> My wild Irish Rose,
> The dearest flow'r that grows,
> And some day for my sake,
> she may let me take
> The bloom from my wild Irish Rose.

Die Melodie mit ihrem Wechsel von Achtel- bis Dreiviertelnoten macht – das muß dazu gesagt werden – den Limerick-Rhythmus deutlicher als der Text.[9]

Der Text des zweiten Walzers stammt von Joseph McCarthy, die Musik von Harry Tierney. Der fünfte Vers ist verlängert worden, um einen Übergang zur zweiten Strophe zu schaffen:

> In my sweet little Alice Blue Gown,
> When I first wandered down in to town,
> I was both proud and shy,
> As I felt ev'ry eye,
> But in ev'ry shop window I'd primp, passing by.
>
> Then in manner of fashion I'd frown,
> And the world seam'd to smile all around,
> Till I wilted I wore it,
> I'll always adore it,
> My sweet little Alice Blue Gown.[10]

Es drängt sich die Frage auf, ob der ›Limerick‹ als autonome Kunstform auch in anderen Ländern als Irland/England (und Frankreich) existiert habe.

In den angelsächsischen Ländern wird der Gräzist Frederick Adam Wright angeführt, der in seinem Buch ›Greek Social Life‹ von 1925 einen Limerick bei dem Komödiendichter Aristophanes (um 445 – um 385 v. Chr.) nachweist. Auch hier wird der Leser dadurch irregeleitet, daß Wright die Verse in Limerick-Form übersetzt hat. Bekanntlich haben die Griechen keinen Endreim. Das makaber-lustige Geschichtchen, das sich in den ›Wespen‹ findet, ist von Wright obendrein, wohl mehr im Scherz, unserer Zeit angepaßt worden:

> An amateur, driving too fast,
> From his car to the roadway was cast.
>   And a friend kindly said,
>   As he banged his head,
> »Mr. Cobbler stick to your last.« [11]

> Ein Raser fiel jüngst aus dem Wagen
> Und hat sich den Schädel zerschlagen.
>   So fand ihn ein Freund
>   Und hat gütig gemeint:
> »Ihr sollt schustern, Herr Schuster, nicht jagen!«

Der griechische Text ist im iambischen Trimeter, dem Versmaß der Tragödie und der Komödie, geschrieben. Erzählt wird eins der Sybariten-Anekdötchen, wie sie die ›Wespen‹ noch mehr haben:

> Ein Mann aus Sybaris fiel aus dem Wagen einst
> Und hat den Schädel sich zerschlagen ungestüm.
> Als Pferdelenker nämlich war er ungeübt.
> Da kam ein Freund des Wegs, stand neben ihm und sprach:
> »Ein jeder treibe nur die Kunst, die er versteht!«

Der griechische Text – wenn es erlaubt ist, ihn lateinisch zu transkribieren – liest sich so:

> anär Sybaritäs exepesen ex harmatos,
> kai pōs kateagä täs kephaläs mega sphodra.
> etygchanen gar ou tribōn ōn hippikäs.
> kapeit' epistas eip' anär autō philos,
> »erdoi tis hän hekastos eideiä technän.«[12]

Außer daß in fünf Versen eine Anekdote vorgetragen wird, mit einem Ortsnamen im ersten und einer witzigen Sentenz im letzten Vers, erinnert hier nichts an den Limerick.

Von dessen Form weit stärker geprägt scheinen uns die chinesischen ›Stampflieder‹ zu sein, die schon in vorchristlicher Zeit beim Stampfen von Lehm oder Reis die Werkleute beziehungsweise die Mägde anfeuerten.

Die Texte dieser Stampflieder sind nicht aufgezeichnet worden; aber der Philosoph Sün-dse (4./3. Jh. v. Chr.) hat 56 Kontrafakturen nach ihrem Muster geschrieben, um die Fürsten anzufeuern. Begünstigt wurde die Wahl der Stampflieder bei Sün-dse dadurch, daß das Wort und Schriftzeichen für »Stampflied« *(siang)* zugleich den »Helfer« des Herrschers, den Kanzler, bedeutet.

Das Metrum und Reimschema in den 56 Liedern schwankt etwas; doch allem Anschein nach lag dem Aufgesang das Reimschema a a b b a zugrunde, während das Metrum aus 3 - 3 - 2 - 2 - 3 Silben = Wörtern bestand, die den Hebungen in unserer Sprache gleichzusetzen sind. Schon das erste Lied Sün-dse's hat diese Form:

> Ein Stampflied dem Helfer geweiht!
> Dies ist das Übel der Zeit:
>> Die Tröpfe, die Toren,
>> Die Tröpfe, die Toren,
> Sie stürzen die Tüchtigkeit.
>
> Ein Herrscher, dem fehlt der Tüchtigen Rat,
> Gleicht einem Blinden ohne Geleit.
> O welch ein Jammer, welch Leid!

Oder Lied 18:

> Als leitender Ordnungswert
> Sei Ritus und Strafe geehrt.
>> Der edle Mann
>> Hält sich daran.
> Die Sippen sind ungestört.
>
> Wenn strahlende Tugend die Strafen scheut,
> Herrscht Ordnung im Land, in den Adelsfamilien;
> Dem Erdkreis ist Friede beschert.

Obwohl die chinesische Sprache reich ist an gleich oder ähnlich klingenden Wörtern und damit wesentlich mehr Reimmöglichkeiten besitzt als etwa das Deutsche, hat es auch in China eine poetische Not gegeben. Sie mußte sich vor allem in den kurzen Versen 3 und 4 bemerkbar machen. Zumindest hat Sün-dse, wenn ihm seine Sprache leichte Reimwörter wie »Mann« *(tsjäg)* und »ihn, sie, es« *(tjäg)* anbot, gern zugegriffen. So auch im 21. Liede:

> Die Kunst, ein Land zu regieren,
> Wird nie ihre Schönheit verlieren.
>> Der edle Mann
>> Schließt ihr sich an.
> So wird er Liebe verspüren.

Oder im 22. Lied (wenn es wiederum erlaubt ist, nur den Aufgesang zu bringen). Diese Strophe bildet den Abschluß der ersten Serie:

> Mein Stampflied ist hiermit beendet.
> Sein Wort sei lang noch verwendet.
> > Der edle Mann
> > Führt gern es an.
> So wird ihm Huld gespendet.[13]

Es dürfte sich lohnen, auch in anderen Kulturkreisen nach ähnlich verborgenen Liedern in Limerick-Form Ausschau zu halten.

―――

Die Geschichte des vorliegenden Buches ist schneller erzählt. 1962 erschienen bei Lothar Buchheim in Feldafing ›112 feine Limericks von Ernst Fabian, sinnfällig illustriert von Walter Blau‹, denen zwei Jahre später ›Allerfeinste Limericks‹ folgten. Im Oktober und Dezember 1966 veröffentlichte ›Die Zeit‹ Proben aus beiden Bänden und löste damit eine Limerick-Welle aus, die sich über zahllose Tages- und Wochenzeitungen ergoß und jahrelang fortwogte. Selbst Eugen Roth wurde schließlich von ihr erfaßt.[14]

1978 erschien im Langewiesche-Brandt-Verlag, Ebenhausen, ein dritter Band unter dem Titel ›Mal der da, mal das da, mal die da‹. Dem Inhaber des Verlages, Herrn Kristof Wachinger, war es gelungen, den namhaften Cartoonisten Jules Stauber für die Illustrierung zu gewinnen. Er schuf auch die Zeichnungen für den vierten Band, der 1980 erschien, ›Im Dasein ist Dasein so wichtig‹.

In unserem Buch, das von der Isar den Weg zum Neckar gefunden hat, galt es, aus den gedruckten und ungedruckten Strophen Ernst Fabians eine Auswahl zu treffen. So behalten die vorausgegangenen Titel durchaus ihren Eigenwert. Mehr als siebzig neue Gedichte sind hinzugekommen.

Wir sind glücklich, daß Jules Stauber bereit war, zwanzig neue Zeichnungen beizusteuern, mit seinem nach wie vor treffsicheren Stift und in seiner hintergründigen Manier, die die Verse nicht nur ins Graphische transponiert, sondern oft eine selbständige Pointe daraufsetzt.

Auch Fabian steht in der Tradition des kranken Mannes auf Tobago. Eine Menge hübscher Ortsnamen stellt unsere Heimat zur Verfügung, nicht zuletzt nach ihrer Wiedervereinigung. Doch hat Fabian neben den Ortsnamen andere ›schwierige‹ Reimwörter benutzt, um seine Fünfzeiler daran aufzuhängen. Der Limerick bedeutet ja eine Herausforderung in besonderem Maße – dies erklärt das Limerick-Fieber, das die Musensöhne sporadisch befällt. Sie fühlen sich einfach verlockt, Reime, die noch nie verwendet worden sind, aufklingen zu lassen: Waging, Kniebis, Efendi, Prisma usw. Wenn es möglich ist, den abgegriffenen Reim der deutschen Sprache zu vermeiden, dann in der humoristischen Dichtung.

Ernst Fabian ist aber noch einen Schritt weiter gegangen, mag das den konservativen Limerick-Freunden auch nicht gefallen. Er meinte, daß das leichtfüßige, tänzerische Metrum zu schade ist, um auf das Komische beschränkt zu bleiben. So hat er, zumindest in einem Dutzend von Beispielen, einen ernsteren Ton angeschlagen, ohne freilich die heiteren Obertöne zu vergessen. Nur in ganz wenigen Stücken fehlen auch diese. Die Leserinnen, die Leser mögen entscheiden, ob der Versuch gelungen ist oder nicht.

Anmerkungen

1 William S. Baring-Gould, ›The Lure of the Limerick, an uninhibited history‹. First published by Rupert Hart-Davis Ltd 1968; Granada Publishing Limited. Published in 1970 by Panther Books Ltd. Reprinted 1971, 1972, 1973, 1975, 1977, S. 31. – Auch im folgenden sind wir diesem Buch des öfteren verpflichtet.
2 Drei Versuche, die Limericks Edward Lears zu verdeutschen, sind unternommen worden: ›Edward Lears kompletter Nonsense. Limericks, Lieder, Balladen und Geschichten‹. Ins Deutsche geschmuggelt von Hans Magnus Enzensberger. Mit Illustrationen von Edward Lear. Frankfurt am Main: Insel Verlag, 1977; und ›Edward Lear, Sämtliche Limericks. Englisch/Deutsch‹. Mit den Zeichnungen des Autors. Übersetzt und herausgegeben von Theo Stemmler. Stuttgart: Philipp Reclam jun., 1988. – Eine Teilübersetzung: ›Edward Lear's Nonsense Verse‹. Mit fünfundfünfzig Zeichnungen des Autors. Aus dem Englischen übertragen von H. C. Artmann. Nachwort von Klaus Reichert. Frankfurt am Main: Insel-Verlag, 1964.
3 Eine Illustration zu diesem Limerick ziert den Einband von ›The Penguin Book of Limericks‹. Compiled and edited by E. O. Parrot. Illustrations by Robin Jagues. London u. a. O.: Penguin Books Ltd, 1983 u. ö.
4 William S. Baring-Gould, S. 35. Die Strophe stammt aus einer Fußnote im 47. Kapitel von James Boswells ›The Life of Samuel Johnson‹. Dort werden wiederum die ›Ménagiana‹ von 1715 zitiert.
5 Baring-Gould, S. 38.
6 Den Text und seine Latein-Umschrift verdanke ich meiner Tochter Bettina. Die Akzente bedeuten, daß der Vokal lang ist.
7 Baring-Gould, S.38.
8 Ernest Weekley, ›An Etymological Dictionary of Modern English‹. New York: E. P. Dutton, 1921, Sp. 848.

9   ›Musical Memories 1900-1920‹. London u. a. O.: Wise Publications, 1984, S. 26 f.
10 Ebenda, S. 15-17. – Aliceblau ist ein grau-blauer Farbton, benannt nach der Tochter des amerikanischen Präsidenten Theodor Roosevelt.
11 Baring-Gould, S. 31. – Wrights Buch ist in London/Toronto bei J. M. Dent & Sons, in New York bei E. P. Dutton erschienen.
12 Es sind die Verse 1427-1431, zitiert nach ›Aristophanis Comoediae‹, hrsg. von F. W. Hall und W. M. Geldart, Bd. 1. London: Oxford University Press, 1900 u. ö., unpaginiert.
    Wenn wir in diesem Fall das Äta mit ä wiedergegeben haben, stehen wir nicht allein. Frdl. Mitteilung von Herrn Kollegen Herwig Görgemanns, dem wir auch weitere Informationen zur vorliegenden Stelle verdanken.
13 Bei der Rekonstruktion des archaischen Chinesisch haben wir benutzt: Bernhard Karlgren, ›Grammata Serica Recensa‹. Stockholm: The Museum of Far Eastern Antiquities, 1964; und Fang-kuei Li (übers. von G. L. Mattos), ›Studies on Archaic Chinese‹, in ›Monumenta Serica‹ 31, 1974/75, S. 219-278. Li weist mehr konsonantische Auslaute nach als Karlgren.
    Zur Übersetzung vgl. Hermann Köster, ›Hsün-tzu, ins Deutsche übertragen‹. Kaldenkirchen: Steyler Verlag, 1967, S. 320-333; und John Knoblock, ›Xunzi. A Translation and Study of the Complete Works‹. Stanford: Stanford University Press, 3 Bde, 1988, 1990, 1994; Bd. 3, S. 169-188.
    Gemeinsam mit der chinesischen und japanischen Forschung liest John Knoblock unsere Verse 3 bis 5 als einen siebensilbigen Vers. Der wäre freilich in einem Gedicht mit sonst dreisilbigen Versen unwahrscheinlich.
    Wie Knoblock hat auch David Hawkes gelesen. Interessanterweise empfand er das Metrum als übereinstimmend mit englischen »Nursery jingles« wie »Hot Cross Buns« oder »One two three, Mother caught a flea.« (Zitiert von John Knoblock, op. cit., S. 171; die Quelle auf S. 407.)
14 Eugen Roth, ›Ins Schwarze. Limericks und Schüttelreime‹. München: Carl Hanser, 1968.

Vom selben Verfasser im Verlag Brigitte Guderjahn, Heidelberg:

Das Heidelberger Jahr Joseph von Eichendorffs
  282 Seiten mit 42 Abbildungen und einem Plan. 3. Auflage 1996
Goethes Begegnung mit Heidelberg
  23 Studien und Miniaturen · 280 Seiten mit 32 Tafeln. 1992
Der Weingott und die Blaue Blume · Dichter zu Gast
in Heidelberg
  314 Seiten mit 46 Tafeln und 2 Abbildungen. 1995
So der Westen wie der Osten
  13 Kapitel zu Dichtung, Kunst und Philosophie in Deutschland und China · 300 Seiten mit 36 Tafeln. 1996
Die Leistung der Sprachlaute
  Zum Klangwort im Westen und Osten · In Vorbereitung
China zu Gast in Weimar
  18 Studien und Streiflichter · 330 Seiten mit 37 Tafeln. 1994
Daoistisches Denken in der deutschen Romantik
  244 Seiten und 16 Seiten mit 8 Farbtafeln. 1993
Mein Weg verliert sich fern in weißen Wolken · Chinesische Lyrik aus drei Jahrtausenden
  Eine Anthologie. Übersetzt und erläutert von Günther Debon 295 Seiten. 1988 (In Kommission)
Das Glück der Welt · Sekundensätze
  [Aphorismen.] 132 Seiten. 1990
Ein Lächeln Dir · Heidelberg-Gedichte
  116 Seiten mit 14 Aquatintaradierungen. 2. Auflage 1994

Weiterhin im Verlag Brigitte Guderjahn, Heidelberg:

Karl Pfaff: Heidelberg und Umgebung
  382 Seiten mit 112 Abbildungen. 2. Nachdruck der 3., umgearbeiteten Auflage von Rudolf Sillib. 1995.
Günter Heinemann: Heidelberg
  544 Seiten mit 58 Abbildungen und Plänen. 3. Auflage 1996
Günter Heinemann: Der Philosophenweg in Heidelberg
  64 Seiten mit 35 Abbildungen. 1991
Adolf von Oechelhäuser: Das Heidelberger Schloß
  Hrsg. von Joachim Göricke. X und 125 Seiten Text, 28 Seiten Tafeln, 4 Textabbildungen und 1 Plan. 8. Auflage 1987

»Das Schloß gesprengt, die Stadt verbrannt«
Robert Salzer, Zur Geschichte Heidelbergs in den Jahren 1688 und 1689 und von dem Jahre 1689 bis 1693. Nachdruck der Ausgaben von 1878 und 1879, kommentiert von Roland Vetter · 230 Seiten mit 33 Abbildungen und einem Faltplan. 1993

Roland Vetter: Heidelberger deleta
Heidelbergs zweite Zerstörung im Orléansschen Krieg und die französische Kampagne von 1693 · 70 Seiten mit 12 Abbildungen und einem Plan. 2. Auflage 1990 (= Schriftenreihe des Stadtarchivs, Heft 1)

Harald Drös: Heidelberger Wappenbuch
Wappen an Gebäuden und Grabmälern auf dem Heidelberger Schloß, in der Altstadt und in Handschuhsheim · 511 Seiten mit 52 Tafeln und 2 Plänen. 1991. (= Buchreihe der Stadt Heidelberg, Bd. II)

Frieder Hepp: Religion und Herrschaft in der Kurpfalz um 1600
Aus der Sicht des Heidelberger Kirchenrates Dr. Marcus zum Lamm (1544–1606) · 392 Seiten mit 80 Abbildungen. 1993. (= Buchreihe der Stadt Heidelberg, Bd. IV)

Geschichte der Juden in Heidelberg
651 Seiten mit 49 Abbildungen. 1996. (= Buchreihe der Stadt Heidelberg, Bd. VI)

Frauengestalten
Soziales Engagement in Heidelberg · 134 Seiten mit 7 Abbildungen. 1995. (= Schriftenreihe des Stadtarchivs, Heft 6)

Pädagogium – Lyceum – Gymnasium
450 Jahre Kurfürst-Friedrich-Gymnasium zu Heidelberg · 411 Seiten mit 51 Abbildungen. 1996. (= Buchreihe der Stadt Heidelberg, Bd. VII)

Leena Ruuskanen: Der Heidelberger Bergfriedhof
Kulturgeschichte und Grabkultur – Ausgewählte Grabstätten · 288 Seiten mit 93 Abbildungen und 5 Plänen. 1992. (= Buchreihe der Stadt Heidelberg, Bd. III)

Heidelberger Altstadtbrunnen
112 Seiten mit 65 Abbildungen. 1996. (= Schriftenreihe des Stadtarchivs, Sonderveröffentlichung 7)

Die Voit-Orgel in der Stadthalle Heidelberg
Orgelrestaurierung – ein Beitrag zur Kulturgeschichte · 115 Seiten mit 48 Abb. 1993. (= Schriftenreihe des Stadtarchivs, Sonderveröffentlichung 1)

Harald Pfeiffer: »Alt Heidelberg, du feine«
Streifzüge durch das Heidelberger Musikleben · 124 Seiten mit 30 Abbildungen und einem Plan. 1992

Die Deutsche Bibliothek – CIP-Einheitsaufnahme

Fabian, Ernst:
Es gab einen Lehrer in Lehrte : fast 400 Limericks / von Ernst Fabian. Ausgew. und mit einem Nachw. zur Geschichte des Limericks versehen von Günther Debon. Mit über 60 Zeichn. von Jules Stauber. – Heidelberg : Guderjahn, 1997

ISBN 3-924973-80-6   brosch.